BOISSY D'ANGLAS

ET

Les Régicides

PAR

BOISSY D'ANGLAS

SÉNATEUR
ANCIEN MINISTRE PLÉNIPOTENTIAIRE

SON PETIT-FILS

D'après des Documents officiels et des papiers de famille

HONORÉ CHAMPION, Libraire de la Ville de Paris
Editeur
9, Quai Voltaire, PARIS (VIIe)

BOISSY D'ANGLAS

ET

Les Régicides

PAR

BOISSY D'ANGLAS

SÉNATEUR
ANCIEN MINISTRE PLÉNIPOTENTIAIRE

SON PETIT-FILS

D'après des Documents officiels et des papiers de famille

ANNONAY

Elie CELLIER, IMPRIMEUR

1905

A LA MÉMOIRE DE MON PÈRE

Portrait de Boissy d'Anglas

Par DE JOUY, de l'Académie française

Ce bonhomme que vous voyez, que la nature a coiffé à la Franklin, à qui vous voudriez confier votre secret, celui même d'un ami, que vous choisiriez pour juge ou pour père, dont l'arbitraire ou la volonté serait pour vous une même loi, également chère et sacrée, ce vieillard que toute une famille voudrait avoir pour chef et toute une nation pour magistrat, eh bien, examinez ce portrait avec plus d'attention. Remarquez la forme de ce front large, le port de ces yeux pleins d'âme et de feu, la vigueur stoïque qui, avec l'expression de la bonté, se peint sur sa noble figure ; voyez les contours graves et sévères de cette bouche où s'égare un sourire aimable : elle semble s'ouvrir pour proclamer les hautes vérités de la philosophie, pour défendre la cause des peuples, pour chanter à la fois la raison et la vertu. Qu'en dites-vous? Est-ce un orateur, un favori des Muses, un homme d'Etat, un héros civil? N'a-t-on pas vu cette tête classique parmi les grands hommes de la première histoire de Rome et de toute l'histoire de la Grèce ? — Il y a du Solon, de l'Aristide, du Caton, du Tullius, du père de la Patrie dans cette noble figure. — Vous ne vous trompez pas. C'est un vétéran du peuple français en 1789; il prit rang parmi les plus illustres Constitutionnels. En 1795, il reparut, le 3 mai, à la tribune nationale et fit décréter la restitution des biens des condamnés révolutionnairement. Le 1er prairial, il présidait la Convention Nationale. La fureur des hommes de sang voulait relever les échafauds de 93 ; la populace a envahi la salle de la Convention ; elle menace le Président ; Féraud est égorgé sur la tribune et sa tête sanglante est présentée sur une pique à Boissy d'Anglas. Voyez sur son visage l'héroïque impassibilité dont son devoir couvrit alors l'indignation de son âme..... Ses bourreaux eux-mêmes en furent glacés, et le poignard tombe de leurs mains.

La peinture a consacré un autre fait semblable. Pourquoi a-t-elle oublié Boissy? Ils ne sont cependant que deux dans l'histoire de France : Harlay devant les 16, et Boissy d'Anglas devant les égorgeurs de Prairial. Ils sont tous les deux au même rang, à la tête de la première magistrature de France, seuls contre les assassins !

DE JOUY,
De l'Académie Française.

Le vœu de l'académicien de Jouy fut exaucé sous le règne de Louis Philippe. Trois tableaux devaient orner la salle des séances du corps législatif. Le premier représentait le serment du roi devant les pairs, les députés et les chefs de la garde nationale de Paris et de l'armée. Le second symbolisait la résistance à la tyrannie, Mirabeau lançant sa fameuse apostrophe : Nous sommes ici par la volonté du peuple... et le 3e la résistance à l'émeute, Boissy d'Anglas saluant la tête de Féraud dans la séance du 1er prairial, an III. Ce tableau est de Vinchon. L'Académie des Beaux-Arts le préféra à celui de Delacroix, qui est au musée de Bordeaux, à celui de Court qui est au musée de Rouen et à beaucoup d'autres. Il n'a jamais été mis en place, pas plus que les deux autres et mon père en fit la demande au roi Louis-Philippe qui le lui accorda. Il décore aujourd'hui la principale salle de l'hôtel de Ville d'Annonay.

PRÉFACE

Boissy d'Anglas est un des plus nobles caractères de la Révolution. En publiant les lettres qu'il écrivit pour ramener sur le territoire de la patrie plusieurs Conventionnels exilés comme régicides, son petit-fils montre la belle harmonie et la parfaite unité d'une existence, tout entière consacrée au service de la France et au culte de la liberté. Faire revivre cette physionomie si attachante, c'est remettre en lumière le zèle idéaliste et désintéressé qui inspira les hommes de 1789. Leur civisme fut de l'essence la plus pure.

Né le 8 décembre 1756, à Grimaudier, commune de Saint-Jean-Chambre, dans un domaine rural de ce plateau de Vernoux qui est une des merveilles du Vivarais, François-Antoine Boissy d'Anglas appartenait à une famille protestante, fidèlement dévouée à la cause de la liberté politique et religieuse. Le goût de la lecture et une rare curiosité intellectuelle le tournèrent vers les études littéraires. Il unissait dans une même admiration, et il pensa réconcilier Voltaire et Jean-Jacques. Membre de diverses Académies de province, correspondant de l'Académie des Inscriptions et Belles-Lettres, il se fit recevoir avocat au Parlement de Paris. Les doctrines de la philosophie avaient en lui un adepte enthousiaste. La Révolution satisfaisait à la fois les aspirations de sa raison et la générosité de son cœur. Le 25 mars 1789, il fut élu député du tiers aux Etats-Généraux par la sénéchaussée d'Annonay.

A peine âgé de trente-deux ans, il se signala parmi les membres de la Constituante qui combattaient ardemment les abus de l'ancien régime. Trois de ses discours méritent d'être notés. Il appela l'attention de l'Assemblée sur les menées contre-révolutionnaires du camp de Jalès, dénonça aux patriotes le mandement

factieux de l'archevêque de Vienne, et éleva la voix en faveur
des hommes de couleur. Dans ses discours apparaissait la beauté
morale de son âme.

Ses actes allaient, mieux encore, le mettre en évidence. Les
Constituants n'étant pas rééligibles à la Législative, il devint procu-
reur-général-syndic de l'Ardèche, et se distingua, dans l'exercice
de sa magistrature, par un courage auquel ses adversaires eux-
mêmes durent rendre hommage. C'est au péril de sa vie qu'il
protégea contre la colère du peuple cinq prêtres réfractaires
enfermés dans la geôle d'Annonay. Lui, dont la grand'mère avait
été incarcérée par le fanatisme clérical à la Tour de Constance,
il n'obéissait qu'aux suggestions de la tolérance et de l'humanité.

A la Convention, où il est envoyé par le département de l'Ardèche, son rôle va grandir. Voici comment il relate son arrivée
et ses premières impressions, au sein de cette Assemblée qui sut
réaliser de si grands desseins, abattre la royauté, fonder la République et repousser l'invasion.

« Je n'étais pas à la première séance, je n'assistai qu'à celle
du lendemain. J'étais aigri par les événements qui venaient de se
passer, et par l'horrible situation de la France dont j'avais été le
témoin, en en traversant la plus grande partie. Je cherchais à me
placer près des gens de ma connaissance. Le premier jour, je
n'en trouvai point. En entrant par une porte, j'aperçus Danton
et Marat, que je reconnus sans les avoir jamais vus. Cet aspect me
poussa à l'autre extrémité de la salle... Dès que la séance fut ouverte,
on lut une lettre du ministre Roland, qui rendait compte d'une
émeute populaire qui venait d'avoir lieu à Lyon, et qui demandait que la Convention Nationale y envoyât trois de ses membres,
revêtus de ses immenses pouvoirs, pour y établir la tranquillité
publique. Cette proposition fut adoptée à l'unanimité. Il fut
décidé que ces trois commissaires partiraient dans la nuit même,
et que le président les nommerait. Ce président était Condorcet.
Je le connaissais personnellement. Il se ressouvint de moi. Je
l'entendis prononcer mon nom, comme un de ceux qu'il venait
de nommer, avec Legendre, depuis célèbre par son caractère
d'abord violent, puis modéré, et par son éloquence fougueuse ;
Vitet, ancien maire de la ville de Lyon, et médecin de beaucoup
de mérite, d'abord patriote ardent, puis plein de modération et
d'amour de l'ordre.

« J'allais de suite demander à Condorcet, qui occupait encore le fauteuil, les instructions nécessaires à l'accomplissement de ma mission. — « Elles seront dans le décret qu'on expédie, me dit-il, et que vous emporterez avec vous ». — Il n'y avait que nos noms, le motif de notre nomination et ces étonnantes paroles : *Ils sont investis de tous les pouvoirs.* Quoique ces expressions fussent claires, je les fis encore expliquer à Condorcet. — « Oui, me dit-il, vous pouvez faire tout ce que vous voudrez, pour remplir l'objet de votre mission, faire venir l'armée qui est aux Alpes, si vous le jugez convenable, destituer, placer, condamner. On ne vous demandera compte de rien. Il n'y a plus de lois, il n'y a plus de société. Tout est à refaire, et, en attendant, on est sous l'empire de la force et de la volonté de ceux qui gouvernent! »

Ainsi munis de pleins pouvoirs, les trois commissaires partirent pour Lyon. Quel usage firent-ils, en cours de route, de leur souveraine autorité ? Ils réduisirent de moitié la note d'un mauvais dîner dont on leur demandait un prix excessif, et ils condamnèrent à 24 heures de prison un postillon insolent.

A Lyon, ils eurent tôt fait de rétablir l'ordre, mais ils durent sévir contre des fournisseurs fripons qui opéraient de connivence avec des administrateurs concussionnaires, pour la livraison et la réception des marchandises. Devant de telles dilapidations, Boissy d'Anglas s'écrie, indigné : « La hiérarchie militaire est une échelle de crimes. Commissaires des guerres, commissaires ordonnateurs, fournisseurs, l'état-major général, tous ont volé la nation ! » Il avait mis le doigt sur la plaie. Les prévaricateurs expièrent leurs infamies.

Rappelé à Paris par le procès de Louis XVI, Boissy d'Anglas se prononça avec une parfaite indépendance pour l'appel au peuple, pour le sursis jusqu'à la paix, et motiva en ces termes son vote sur le fond : « Il s'agit moins pour moi d'infliger un juste châtiment, de punir des attentats nombreux, que de procurer la paix intérieure. Je rejette donc l'opinion de ceux qui veulent faire mourir Louis ; je vote pour que Louis soit retenu dans un lieu sûr, jusqu'à ce que la paix et la reconnaissance de la République par toutes les puissances permettent d'ordonner son bannissement hors du territoire ».

Lors de l'arrestation des Girondins, Boissy d'Anglas ne craignit pas d'affronter les fureurs de la foule. Saisi à la gorge par des forcenés, il eut peine à se dégager et, rentré en séance, il monta à la tribune, la cravate et la chemise en lambeaux.

Le 1er prairial, il trouva simplement, sans apprêt, le geste sublime qui immortalise une mémoire. L'émeute avait envahi l'Assemblée ! Plusieurs présidents s'étaient succédé au fauteuil et l'avaient abandonné, au milieu des hurlements. Boissy d'Anglas vient occuper leur place et résiste à l'orage. On lui présente, plantée au bout d'une pique, la tête du député Féraud. Il se découvre respectueusement, et demeure à son poste jusqu'à ce que la Garde nationale délivre la Convention. Le lendemain, son apparition à la tribune est saluée d'acclamations unanimes. Un vote public consacre la reconnaissance de ses collègues et l'admiration nationale.

Rapporteur de la Constitution de l'an III et du projet de séparation de l'Eglise et de l'Etat, conçue et réalisée avec une hardiesse qui déconcerterait le législateur d'à présent, Boissy d'Anglas jouissait dans la France entière d'une éclatante et légitime popularité. Le 22 vendémiaire an IV, soixante-douze départements le députèrent au Conseil des Cinq-Cents. Sans s'émouvoir de ce triomphe qui n'a pas d'équivalent dans les annales législatives, sans chercher à en tirer profit et à escamoter le pouvoir, il déclara simplement : « Ils ne savent ce qu'ils font, ils me nomment plus que roi ». Et il opta pour l'Ardèche, où il avait obtenu la presque unanimité, 191 voix sur 218 votants.

Banni au 18 Fructidor, il fut injustement accusé d'avoir voulu porter la main sur cette Constitution de l'an III qu'il avait, plus qu'un autre, contribué à édifier.

Il connut assez amèrement les tristesses de la proscription pour vouloir les épargner, plus tard, à ceux des anciens Conventionnels que la main rude d'un maître s'évertuait à frapper. Que ce fût au Tribunat, au Sénat ou à la Chambre des Pairs, Boissy d'Anglas se montra invariablement attaché à ces idées de liberté qu'il estimait supérieures à la forme même du gouvernement et qui constituaient la précieuse conquête, l'inaliénable patrimoine de la Révolution.

Sous les ministères rétrogrades que Louis XVIII et Charles X appelaient et maintenaient aux affaires, à l'époque surtout de cette Chambre introuvable faite à l'image du parti-prêtre et de la Congrégation, Boissy d'Anglas resta un libéral impénitent. Vous ne trouverez pas son nom dans la liste des pairs qui condamnèrent le maréchal Ney, mais vous le verrez dans tous les scrutins où une minorité courageuse s'affirmait contre la camarilla des Jésuites.

Son petit-fils effectue aujourd'hui, non seulement un acte de piété familiale, mais une utile contribution à la vérité historique, en exhumant les lettres que Boissy d'Anglas écrivit pour atténuer la rigueur de la loi du 12 février 1816 contre les régicides. Il ne se bornait pas à rappeler d'exil des amis personnels, il s'intéressait à d'anciens collègues qui avaient été ses adversaires politiques. Et, comme l'un de ces derniers voulait lui porter l'expression de sa gratitude, il l'en dispensa et fit parvenir cette réponse : « Je sens, et je me le reproche, que je n'ai pas encore assez de philosophie pour lui pardonner entièrement le mal qu'il a voulu me faire. J'ai été assez heureux pour lui être utile ; je le remercie de sa visite. Le monde est assez grand pour nous contenir éloignés l'un de l'autre ».

En rouvrant les portes de la France à d'anciens Conventionnels chargés d'années et presque tous dénués de ressources, Boissy d'Anglas n'avait d'autre mobile que le sentiment du devoir et l'amour du bien. Si plusieurs, parmi ceux qu'il avait obligés, furent ingrats, et si leurs héritiers sont d'humeur oublieuse, la publication de mon ami, le sénateur Boissy d'Anglas, poursuit une tâche plus haute que de souligner ces défaillances de mémoire. Elle dresse devant nous l'image d'un grand parlementaire, qui traversa des heures sombres et vécut une longue existence politique en n'obéissant qu'à l'honneur et en pratiquant la bonté. Evoquer son souvenir, c'est offrir un exemple aux nouvelles générations qui ne connaissent plus la ferveur de ces temps héroïques.

Albert LE ROY.

Député de l'Ardèche,
Docteur ès-lettres.

Pendant que s'imprimait cette préface, la mort est venu enlever subitement, à l'affection de la démocratie ardéchoise, Albert Le Roy qui en fut trop peu de temps, hélas ! le plus populaire représentant et le député le plus éloquent.

Il a brillé à la Chambre par la part qu'il prit à la discussion de la loi de séparation des Eglises et de l'Etat et il a eu, plus d'une fois, l'occasion de citer à la tribune, Boissy d'Anglas, l'auteur de la première séparation qui se fit en France. Il le prit comme exemple et comme modèle.

Il est mort le 18 août 1905, à l'âge de 49 ans. Je l'ai pleuré et je le pleurerai toujours. Ce fut une perte irréparable que fit en lui l'Ardèche à laquelle il avait consacré comme à une mère adoptive son amour, son activité, son érudition étendue et son talent. Cette préface est son dernier écrit. Il l'a consacré au Boissy d'Anglas de la Révolution. Le petit fils le remercie de tout son cœur.

BOISSY D'ANGLAS

ET

LES RÉGICIDES

———◆———

Les Bourbons, appuyés sur les baïonnettes étrangères, rentrèrent en France « sans avoir rien appris ni rien oublié ». Un de leurs premiers soins fut de pourchasser les ex-Conventionnels qui avaient voté la mort du roi.

Les Chambres législatives de 1816 adoptèrent une loi qu'elles appelèrent d'amnistie, mais qu'il eût été mieux d'appeler de proscription, et qui frappait même ceux des conventionnels qui avaient dans leur vote, lors du procès de Louis XVI, prononcé le mot de mort, bien que ce vote, accompagné de diverses conditions, n'ait pas été compté pour l'application de la peine.

Boissy d'Anglas, qui avait voté à la Convention contre la mort, était alors pair de France. Il s'émut d'une mesure si contraire à la justice et à la raison, — eut le courage et, dans ce temps de réaction furieuse, ce n'est pas une des moins belles actions de sa vie — de prendre seul en mains la défense de ses malheureux anciens collègues. Il le fit avec le dévouement qu'on trouvait en lui lorsqu'il s'agissait de réparer ou d'empêcher une iniquité.

Il s'adressa à M. le duc de Richelieu, à cette époque premier ministre de Louis XVIII, pour lui rendre compte de ce qui s'était passé dans le sein de la Convention.

Il n'y avait guère que lui, sans doute, entre tous les Conventionnels survivants, qui pouvait en faire un récit consciencieux.

M. le duc de Richelieu était un homme de sens et de raison. Il fut de l'avis de Boissy d'Anglas, mais il ne put faire prévaloir cet avis dans le Conseil des Ministres, et ce fut seulement deux ans après, lorsque la réaction légitimiste se fut un peu calmée, sous le ministère du comte Decazes, que les Conventionnels, proscrits pour un acte qu'ils n'avaient pas commis, rentrèrent dans leur patrie.

Boissy d'Anglas écrivit donc au duc de Richelieu la lettre suivante :

Le comte Boissy d'Anglas, pair de France, à Son Excellence M. le duc de Richelieu, président du Conseil des Ministres.

Paris, le 12 janvier 1816.

Monsieur le Duc,

Lorsque la loi d'amnistie a été portée, mardi dernier, à la Chambre des pairs et adoptée à la presque unanimité comme un nouveau bienfait de la clémence du roi, j'ai pensé, sans doute et plusieurs autres pairs aussi, que l'article 7 additionnel nécessitait des explications, mais je n'ai pas voulu arrêter le mouvement qui me semblait devoir produire un résultat unanime, pour proposer des améliorations que le roi allait rester le maître de faire.

J'ai cru et je crois toujours que toutes les fois qu'il s'agira de mesures de clémence, de bonté et de haute sagesse, il y aura un grand avantage à s'en rapporter au cœur paternel de Sa Majesté, dépôt sacré des plus hautes lumières, et surtout des plus hautes vertus.

Maintenant, Monsieur le Duc, que la loi est adoptée et que son exécution va s'effectuer, permettez-moi d'offrir à Votre Excellence, comme président du Conseil des Ministres, à qui cette exécution est remise, quelques observations que j'avais le droit de proposer avant l'adoption de la loi, et que votre justice et votre noble caractère m'assurent que vous voudrez bien accueillir aujourd'hui.

La loi frappe tous les *régicides* et c'est un mot qu'il faut expliquer.

On ne peut entendre comme régicide que celui qui a été le meurtrier du roi. Il ne suffit pas que le votant ait prononcé le mot horrible de mort, pour être déclaré régicide ; il faut encore que, par le vote, il ait pu être placé dans son dispositif, dans le nombre de ceux qui ont formé la majorité coupable; car, s'il s'est expliqué de manière que sa voix, non seulement n'ait pas été comptée pour la condamnation, mais même ait été contre elle, il serait injuste, aujourd'hui, de lui imputer à crime une chose qu'il n'a pu faire qu'en se livrant aux plus grands périls, ainsi que personne ne l'ignore, et dont le but, de quelques expressions qu'il ait cru devoir se servir, n'a été et n'a pu être que d'empêcher l'attentat dont nous gémissons tous, au lieu d'y contribuer.

Or, il y a 46 individus dans cette catégorie, ainsi qu'on peut le voir dans l'appel nominal officiel qui fut publié à cette époque et dont le procès de la Convention est déposé aux archives.

Il y a plus, c'est qu'aucun d'eux n'a hésité dans son opinion, relativement au résultat qu'il croyait pouvoir en espérer. Ils ont prononcé le mot de mort, mais ils ont environné leur vote de conditions impossibles à exécuter et, quand on les a interpellés de déclarer s'ils entendaient que ces conditions fussent de rigueur, et que, dans le cas où elles ne seraient pas exécutées, elles annuleraient leur vote, ils ont déclaré qu'elles étaient absolument inséparables de leur opinion et que, si on ne les exécutait pas, *ils ne voulaient pas que la mort du roi eût lieu.*

Leur vote n'a donc pas été complet.

Enfin, Monsieur le Duc, leur conduite persévérante prouve que leur intention a toujours été d'épargner à la nation la honte et le malheur qui la menaçaient !

Ils ont presque tous voté, d'abord pour le renvoi de la décision à intervenir à l'examen et à la ratification des assemblées primaires, et M. de Sèze vous l'a dit l'autre jour à la tribune de la Chambre des Pairs, ce que nous savions tous de ces temps affreux, que les assemblées primaires n'auraient pas ratifié la condamnation du roi. La leur renvoyer dans le cas où elle aurait lieu, c'était donc en assurer l'annulation et c'est ce que voulaient ceux dont j'ai l'honneur de vous entretenir.

Lorsque, après ce premier effort inutile, il a fallu voter sur la peine, ils ont, à la vérité, prononcé le mot de mort, mais, j'ai déjà eu l'honneur de vous le dire, ils ont environné cette disposition de conditions qui l'ont changée en un vote absolument contraire.

Quand la condamnation a été adoptée à une très faible majorité, on a demandé un sursis illimité, et ils ont voté pour son adoption.

Enfin, quand tous les moyens d'opposition ont été rejetés et qu'ils ont été forcés de se soumettre à la majorité dont ils n'avaient pas fait partie, ils ont réclamé pour eux, pour leur propre honneur, contre le titre de juges du roi qu'on avait voulu leur attribuer à tous, et ils ont fait une déclaration authentique, laquelle se trouve dans le procès-verbal de l'Assemblée Nationale et qui est conçue en ces termes : *La Convention Nationale a reçu la déclaration que lui ont faite tous ceux de ses membres qui n'ont pas voté la mort de Louis ou y ont appliqué une considération quelconque, qu'ils n'ont pas entendu prendre part à un jugement, mais appliquer une mesure politique, et qu'ils n'ont pas voté comme juges, mais comme législateurs.*

Ainsi, Monsieur le Duc, ils n'ont été ni juges du roi, ni régicides et la peine portée par l'article 7 de la loi ne peut leur être appliquée.

J'ajouterai une observation que je crois de nature à frapper vivement Votre Excellence. Le vote des 46 individus dont j'ai l'honneur de l'entretenir, n'a pas été compté pour la mort et, cependant, cet affreux résultat a eu la majorité seulement de quelques voix! Si à ces 46 votants avec conditions il s'en était joint 15 autres, Louis XVI n'eût pas péri... Vous regretterez avec douleur, que ces 15 hommes justes ne se soient pas rencontrés ! Eh bien ! pouvez-vous frapper d'une punition rigoureuse ceux qui leur ont offert l'exemple que vous regrettez qu'ils n'aient pas suivi?.. Pouvez-vous condamner ces hommes, quand votre plus grand regret est qu'ils n'aient pas eu plus d'imitateurs ?

Agréez, Monsieur le Duc, etc.

Comte Boissy d'Anglas.

Réponse de M. le Duc de Richelieu à M. le Comte Boissy d'Anglas.

Paris, le 16 janvier 1816.

Monsieur le Comte,

J'ai lu avec beaucoup d'attention les réflexions que vous m'avez fait l'honneur de m'écrire par votre lettre du 12 janvier courant.

Je partage entièrement vos idées, et il y a tout lieu de croire qu'elles serviront de base au travail qui va avoir lieu pour l'exécution de la loi du 13 de ce mois.

Je suis très reconnaissant de vos renseignements si clairs et si précis, et je vous prie d'agréer mes remerciements, ainsi que l'assurance de la haute considération avec laquelle j'ai l'honneur d'être, etc.

Le Duc de Richelieu.

Boissy d'Anglas écrit en marge de la lettre ci-dessus que, malgré la justesse de ces observations et les espérances qu'elles donnaient, il fut décidé par le Conseil des Ministres, à l'unanimité, à ce qu'on assure, *excepté le duc de Richelieu,* que ceux qui avaient prononcé le mot de mort dans leur vote, *bien qu'il eût compté contre la mort*, seraient considérés comme régicides et punis comme tels.

Ainsi Boissy d'Anglas, malgré l'appui du duc de Richelieu qu'il avait converti, ne put, à ce moment-là, obtenir gain de cause, mais il ne se découragea pas. Il redoubla, au contraire, d'activité, se tenant en rapports avec le gouvernement et il eut, enfin, dans le courant de 1818, le bonheur d'assurer le triomphe de la juste cause dont il s'était fait l'avocat.

Elle ne triompha pas d'un coup, mais peu à peu, ainsi que le prouvent les décisions successives qui furent prises, et après examen de chaque cas particulier.

De sorte que Boissy d'Anglas dut se prodiguer pour venir en aide à ses malheureux collègues de la Convention frappés injustement. On ne voyait que lui dans les antichambres des Ministres, et, de même qu'on l'avait vu, sous la Terreur rouge, ainsi que je le raconte plus loin, multiplier les démarches pour arracher quelques victimes à l'échafaud, on le vit, sous la Terreur blanche, multiplier ses efforts pour sauver de l'exil quelques proscrits.

La pitié et le besoin de venir toujours au secours de l'infortune, voilà ce qui lui fait une physionomie à part parmi les hommes de la Révolution.

Je lis ce qui suit dans la copie d'une note sans date et sans signature que je trouve dans mon dossier, mais qui doit être de l'année 1818 et émaner du Président du Conseil, le comte Decazes, qui avait succédé au duc de Richelieu :

Note.

L'article 7 de la loi du 13 janvier 1816 exclut du royaume ceux des régicides qui ont voté pour l'acte additionnel ou accepté des fonctions ou emplois de l'usurpateur.

L'exécution de cet article exigeait, en conséquence, que l'autorité définît le mot de *régicide*.

Ces deux définitions furent fixées, dès cette époque, sous la dictée des circonstances et de l'esprit même de la loi.

... (Suit un commentaire sur l'acceptation des fonctions

de l'usurpateur aux Cent-Jours. Il ne rentre pas dans mon sujet qui ne concerne que les régicides).

L'interprétation donnée par M. le Garde des sceaux, Ministre de la Justice, subsistait toujours, les circonstances qui en avaient atténué la force n'existaient plus, la justice légale venait enfin prescrire une sorte de justice politique, et, dans tous les cas, dans tous les lieux, sous toutes les législations, un vote qui avait compté dans le recensement *contre* la mort du roi ne pouvait être qualifié de vote *régicide*.

Au nombre des votes émis dans la Convention, 46, en effet, le furent pour la mort, mais sous des conditions expresses, inséparables du vote lui-même, et qui, non accomplies, annulaient implicitement ce vote ; ainsi le déclarèrent leurs auteurs. De ces 46 Conventionnels, 41 votèrent, au 4ᵉ appel nominal, en faveur du sursis et confirmèrent, par ce second vœu, leur intention bien formelle de sauver le roi. De ces 41, 26 vivent encore. Voilà sans doute une catégorie bien démarquée d'individus auxquels la qualité de *régicide* n'est point applicable et dont les réclamations durent paraître fondées, dès qu'elles purent être admises.

. . . .

Chaque réclamation individuelle, même de la part des Conventionnels placés dans la catégorie des 46, a donc été successivement discutée en conseil, sur un rapport dans lequel on reproduisait, outre la considération du vote conditionnel, celle de la conduite du réclamant pendant tout le cours de la Révolution et depuis son éloignement de France ; les garanties des personnes qui appuyaient sa réclamation n'étaient pas l'objet d'une attention moins sérieuse ; on calculait pareillement l'effet que pourrait produire le retour de l'exilé dans le département où se trouve son domicile ; enfin l'importance politique du personnage déterminait la décision. C'est sous ce dernier rapport que MM. Cambacérès et Dubois-Dubais, quoique faisant partie des 46, ont vu d'abord ajourner toute décision en leur faveur, à titres d'ailleurs égaux avec ceux qui ont obtenu leur rentrée, mais que leur obscurité, leur âge, leur peu de fortune, leurs infirmités, ont dû faire considérer comme pouvant devenir, sans péril, l'objet de la haute clémence de Sa Majesté.

Tels sont les principes qui ont dicté les mesures prises en faveur de plusieurs des ex-Conventionnels. Tel a été le mode de procéder envers eux. A cet égard, des noms sont plus positifs que des mots.

Voici ceux des 46 Conventionnels auxquels pouvait être applicable la mesure de clémence étendue sur quelques-uns. Bien peu s'y montrent marqués des tristes souvenirs de la Révolution. Plusieurs s'y recommandent par une modération dont les fidèles amis de la cause royale ont eu lieu, plusieurs fois, d'apprécier le mérite.

Noms des 46 Conventionnels dont les votes conditionnels ont compté dans le recensement contre la mort :

LOISEL
BRISSOT
BLAD
AUBRY
JAC
LOUVET
MONESTIER
AUDREIN
DUFRICHE-VALAZÉ
DUPONT
BIROTEAU
LANTHENAS
TREILHARD
DÉLÉCROI
LESTERP-BEAUVAIS
ENJUBAULT
ROI

} morts.

VERNON
CHEDANEAU
CAMBACÉRÈS.
SERVEAU
THOMAS
SAINT-PRIX
GOUZY
GAMON
GLEIZAL
TAVEAU
MOULIN
RABAUT-POMMIER
DELBRET
LAURENCE DE VILLEDIEU
ALQUIER
POULAIN-GRANDPREY
BERNARD DES SABLONS

} déjà rappelés.

BERTHEZÈNE
PICQUÉ
PRÉCY

} non atteints.
par la loi.

<table>
<tr><td>GIRAUD
BOUCHEREAU
MENNESSON
DUBOIS-DUBAIS
RIBET
BONNESŒUR
BISSY
PLAT-BEAUPRÉ
MONGILBERT</td><td>sur lesquels
aucune décision
n'est encore prise.</td></tr>
</table>

. . . .

Ni l'intrigue, ni l'importunité n'ont pu présider aux choix indiqués jusqu'à ce jour : les dossiers en font foi. L'examen scrupuleux en conseil du roi des titres de chaque réclamant, les lenteurs sagement apportées dans les propositions, la connaissance parfaite de la position politique et privée de ceux qu'atteignait successivement une justice qu'on avait eu soin de transformer en une faveur, toutes ces précautions prémunissent assez, jusqu'à présent, contre une dangereuse application des mesures qui n'ont encore provoqué que la reconnaissance de ceux qui en étaient plus particulièrement l'objet et la confiance des sujets de Sa Majesté qui n'en étaient que les témoins.

. . . .

Ici s'arrête la note qui revenait, en somme, sur la définition du mot *Régicide* tel qu'il avait été précédemment entendu.

En face de Bouchereau et de Bonnesœur, figure une mention de la main de Boissy d'Anglas : *rappelés le 20 mai.*

Sur ces entrefaites, Boissy d'Anglas, qui ne perdait pas de vue le sort de ses anciens collègues, écrivit au comte Decazes la lettre suivante que M. Armand Lods publie dans sa brochure sur Rabaut-Pommier et qu'on trouvera aux archives :

Paris, le 16 janvier 1818.

Monsieur le Comte,

L'accueil que Votre Excellence a bien voulu faire aux diverses réclamations que je lui ai adressées en dernier lieu m'engage à la supplier de vouloir bien honorer de son intérêt celle du même genre que je viens lui présenter aujourd'hui, au nom de M. Rabaut-Pommier éloigné de sa patrie par une fausse application de la loi contre les régicides.

Ce vieillard, plus que septuagénaire, pauvre et malade, s'était retiré d'abord dans les Etats du roi de Prusse les plus voisins de la France, il y avait été bien accueilli, mais on l'a forcé bientôt après de changer plusieurs fois d'asile et on l'a menacé en dernier lieu de l'envoyer dans la Prusse septentrionale, où la rigueur du climat serait bientôt mortelle pour son âge et dont le voyage exigerait des frais au-dessus de ses faibles moyens ; il a obtenu toutefois un sursis à l'exécution de ces ordres, mais ce n'est que d'une manière provisoire qu'il est toléré dans les lieux où il se trouve, et l'incertitude de son sort pour l'avenir ajoute encore à tous les maux qui naissent de sa proscription, de sa vieillesse et de sa pauvreté.

Il était avant la Révolution et depuis ministre du culte protestant et il a constamment obtenu par la pureté de sa morale évangélique, ses vertus personnelles et ses lumières, une grande considération parmi ceux qui professent la même religion que lui ; tous verraient son rappel en France avec autant de reconnaissance que de satis-faction, et Votre Excellence jugera bientôt que rien ne serait plus juste. Il est le fils de *Paul Rabaut*, dont la mémoire sera toujours vénérée par ceux même qui, sans professer les mêmes opinions reli-gieuses, savent avec quelle patience, avec quelle fidélité au gouver-nement royal, avec quelle soumission aux lois injustes d'alors, il a supporté les persécutions auxquelles il a été en butte pendant la plus grande partie des soixante années qu'ont duré ses fonctions ecclésiastiques. Enfin il était le frère du malheureux *Rabaut Saint-Etienne* qui a péri sur l'échafaud pendant la terreur de 1793, et à qui la Convention n'avait jamais pardonné de lui avoir dit, dans un dis-cours contraire à la mort du roi, *qu'il était las de la portion de tyrannie qu'elle le forçait d'exercer*.

Rabaut-Pommier, pour lequel j'ai l'honneur de vous écrire, fut lui-même emprisonné avec son frère et pendant que son père, mal-gré ses 86 ans, l'était à Nîmes, qu'un autre frère l'était à Villeneuve-de-Berg ; tous attendaient depuis quatorze mois le moment fatal où ils monteraient sur l'échafaud, où les avait précédés Rabaut Saint-Etienne, lorsque le neuf thermidor vint rendre à la France une portion de la liberté et lui faire espérer de meilleurs jours.

Depuis lors, monsieur le Comte, M. Rabaut-Pommier, soit dans la Convention où il rentra, soit dans les assemblées législatives qui lui succédèrent, soit comme pasteur de l'Eglise Réformée de Paris, soit comme particulier a fait honorer la modération de ses opinions, la sagesse de ses discours civils et religieux, la pureté de ses prin-cipes de morale et de politique, et a obtenu la considération et l'es-time des hommes justes de tous les partis.

Cependant il est proscrit comme régicide ; permettez-moi de vous le dire, il n'a pas mérité cette condamnation et si le gouvernement n'eût pas été dans l'erreur à son égard, il n'eût pas été frappé par elle.

Il a prononcé, je dois l'avouer, le mot affreux de mort, et il a été inexcusable de s'être servi d'une expression aussi criminelle ; mais Votre Excellence est trop juste pour ne pas reconnaître que ce n'est pas dans les termes dont on a pu se servir dans cette horrible affaire qu'est le crime qu'on doit expier, mais dans le résultat du vote. Elle voudra bien remarquer dans le cas particulier dont il s'agit ici :

1º Que Rabaut-Pommier avait voté l'appel au peuple, seul moyen qu'il eût de sauver le roi, soit en renvoyant son jugement à des temps éloignés, soit en lui assurant des formes protectrices, soit en invoquant la majorité du peuple qui ne pouvait vouloir la condamnation, en même temps que cette disposition l'arrachait à la puissance de la commune de Paris et de ses sicaires, pour le mettre sous la protection de la nation toute entière par l'appel porté devant elle.

2º Que lorsque la fatale condamnation eut été portée, il vota pour le sursis indéfini, seule ressource qui restât encore, pour rendre cette condamnation sans effet.

3º Qu'il n'entendait point prononcer un jugement ni y participer, mais appliquer une mesure politique et de sûreté générale, et qu'il s'en fit donner acte par la Convention, ainsi que l'atteste son procès-verbal, tome V, p. 287.

4º Enfin qu'il environna son vote de conditions rejetées, en déclarant qu'elles en *étaient inséparables*, ce qui forçait la Convention de compter ce vote *contre la mort*, à moins qu'elle n'adoptât ces conditions, ce qui par leur contexture aurait établi l'appel au peuple, et conséquemment aurait fait prévaloir la disposition la plus favorable au roi. Mais la Convention repoussa elle-même Rabaut-Pommier de la classe des régicides en comptant son vote parmi ceux qui votèrent contre la mort : ainsi, quelles qu'eussent été ses expressions, elle le mit incontestablement hors de la catégorie de ceux condamnés depuis comme régicides.

Sans doute il ne fut point régicide dans la véritable et littérale acception de ce mot, il ne le fut point dans son intention ni dans ses actes. Sa voix compta comme vous l'avez vu parmi celles contraires à la mort, à laquelle il ne contribua point ; par ses intentions, non seulement il vota pour l'appel au peuple, non seulement il vota pour le sursis, non seulement il prononça sur la peine un vote dont le résultat ne pouvait qu'être favorable, mais encore il expliqua ses opinions dans une sorte de discours qu'il prononça en répondant à l'appel nominal et dont je joins ici une copie fidèlement extraite du *Moniteur*. Ce discours, Monsieur le Comte, ne laisse aucun doute sur l'intention de M. Rabaut, on y voit clairement qu'il ne tendait, en prononçant le mot de mort et en l'environnant de conditions inséparables, qu'à revenir sur le décret qui avait rejeté l'appel au peuple. Peut-être espérait-il en mettant à cette demande l'expression que nous ne pouvons approuver, flatter la majorité, supérieure de si peu de voix, de l'espoir que la mort prévaudrait enfin et lui enlever ainsi quelques suffrages ; je ne le sais pas, mais ce que je sais, c'est que quand même, sans rien faire de contraire au salut du roi, il n'aurait fait que sacrifier à la peur, il mériterait qu'on l'excusât ; on n'ignore pas de quels affreux périls étaient environnés ceux qui ne votaient pas pour la mort d'une manière pure et simple, les contemporains peuvent l'attester et quoique l'histoire ne l'ait retracé que d'une manière imparfaite, elle en a dit assez pour ne laisser aucun doute sur ce point véritablement capital.

Enfin, Monsieur le Comte, j'ajouterai à tout ce que je viens de vous dire pour M. Rabaut une observation qui est applicable non seulement à lui, mais encore à tous ceux qui sont dans la même catégorie. Ce qui doit frapper Votre Excellence, c'est qu'il n'est jamais arrivé que des hommes bannis injustement de leur patrie se soient conduits avec autant de modération et de dignité que ceux-ci. Il n'y en a aucun parmi eux qui n'ait senti qu'il devait rester Français hors de France, même quand on lui enlevait le droit d'en faire partie. Ils ne se sont point soulevés contre l'autorité qui les proscrivait, ils n'ont point cherché à diriger l'opinion contre elle et à s'en faire un appui. Ils ont souffert en silence, et quand on les a persécutés ils se sont tus. M. Rabaut, en particulier, a paru n'oublier jamais la conduite de son vénérable père, qui, lorsqu'on proscrivait sa tête, s'écriait qu'il fallait bénir la main qui frappait et attendre avec soumission le jour inévitable de la justice.

C'est cette justice que je réclame pour lui ; elle est dans le cœur du roi, elle est dans le vôtre et il est impossible qu'elle soit vainement provoquée.

Agréez, Monsieur le Comte, l'expression de la très haute considération et de l'attachement dont je fais profession pour Votre Excellence,

Le Cte Boissy d'Anglas.

P.-S. — Dans l'extrait du *Moniteur* que je joins ici, Votre Excellence remarquera peut-être des expressions et un style qui n'ont pas la décence convenable, mais elle voudra bien se reporter au temps où le discours que je cite était prononcé ; il fallait pour être écouté emprunter un pareil langage, c'était à cette seule condition qu'il était permis d'espérer quelque succès pour les propositions justes au fond.

Enfin, dans le mois de février 1818, Boissy d'Anglas reçut la lettre suivante qui dut le remplir d'une joie bien compréhensible. Le mot *Confidentielle* est de la main de M. le comte Decazes.

Paris, le 13 février 1818.

Confidentielle.

Monsieur le Comte, je m'empresse de vous annoncer que Sa Majesté a daigné accorder dans son Conseil du mercredi, 11 de ce mois, à M. Rabaut-Pommier, la permission de rentrer dans ses foyers, par sursis indéfini à l'art. 7 de la loi du 13 janvier 1816.

Au nombre des considérations qui militaient en sa faveur, et au premier rang desquelles votre intervention a dû être placée, il en est une qui se rattache plus particulièrement à la position de M. Rabaut-Pommier sous le rapport religieux, et qui sera sans doute appréciée par tous ceux des sujets de Sa Majesté qui professent le même culte que lui. La noble conduite de divers consistoires, dans de graves circonstances, garantit assez que le bienfait de Sa Majesté, sur un des membres de celui de Paris, sera senti par tous les autres.

Agréez, Monsieur le Comte, l'expression, etc.

Le Ministre secrétaire d'Etat au département de la police générale.

Le comte Decazes.

On sortait à peine de la Terreur blanche. La monarchie voulait faire oublier les massacres de Nîmes.

Boissy d'Anglas s'empressa de communiquer *confiden·tiellement* cette lettre à son ami, et il en reçut la réponse que voici, du fond des provinces Rhénanes où Rabaut-Pommier avait été chercher un refuge :

Clèves, le 25 février 1818.

Ancien et vénéré collègue,

Les démarches généreuses que vous avez faites en ma faveur auprès du gouvernement français et par lesquelles vous avez obtenu de Sa Majesté elle-même mon permis de rentrer en France, me pénètrent de la reconnaissance la plus vive. Votre empressement à me rendre cet éminent service est pour moi un motif de plus de hâter, autant qu'il me sera possible, le moment où je pourrai en jouir et vous exprimer ma vive reconnaissance.

Je ne croyais pas ce moment fortuné si près de moi et je n'avais pris aucune des mesures qui pouvaient le préparer. Il dépendra de ce que nous pourrons retrancher des promesses que nous avons faites à Mme la comtesse de (*illisible*), grand'mère de Mlle de Bargeton, pour la saison prochaine.

Vous avez ajouté à ma satisfaction, mon ancien et honoré collègue, en m'annonçant dans une seconde lettre que quelques-uns de mes anciens collègues, de même catégorie que moi, étaient aussi rappelés et que les autres le seraient vraisemblablement, et en joignant une copie du permis que Son Excellence le ministre de la police générale vous avait adressé.

Vous avez enfin comblé ma satisfaction, généreux protecteur, par une troisième lettre que je dois à votre persévérante bienveillance, à laquelle vous avez joint celle que M. le duc de Richelieu, ministre des relations extérieures, vous écrit en ma faveur. Je vais me conformer à son contenu.

Votre généreuse amitié et le succès qu'elle a obtenu prouvent bien à mon cœur que je dois vous placer au premier rang des amis dont mon infortune a augmenté l'attachement, mais, ami généreux, elle est aussi la plus ancienne ; elle s'associe à celle qui vous liait à mon frère Saint-Etienne, dont vous avez pu mieux que personne apprécier les talents et les vertus, parce qu'il vous était plus particulièrement connu, et dont vous avez vivement déploré la mort funeste.

Oserai-je encore recourir à vos conseils sur ce que je dois écrire aux autorités dont la bienveillance m'aura obtenu mon permis et mes passeports? Ce que vous avez généreusement fait pour moi excuse, justifie cette demande qui s'y lie et la confiance que j'ai en la continuation de vos bontés.

Nous vous prions, ma femme et moi, généreux protecteur, d'agréer l'hommage de notre respectueuse reconnaissance, sentiment que nous conserverons toujours et avec lequel j'ai l'honneur d'être, Monsieur le Comte, votre très humble et obéissant serviteur,

Rabaut-Pommier.

Dès le mois de mars 1816, Mlle Félicité Saint-Prix écrivait à Boissy d'Anglas pour lui soumettre le cas de son frère. Elle faisait le tableau déchirant de la séparation qui eut lieu. Elle disait que son frère avait recommandé expressément de lui faire part de son malheureux sort. Il exprimait la certitude que Boissy d'Anglas ferait ce qu'il pourrait pour le rendre à sa patrie, à une femme au désespoir, à de jeunes enfants qui ont tant besoin de ses soins, et enfin à des sœurs accablées de vieillesse, d'infirmités et de chagrins.

Il paraîtrait, dit-elle, que M. de Cachard, son beau-frère, membre royaliste de la Chambre introuvable, au courant de l'affaire, se serait « donné quelque mouvement » en sa faveur. Il a espéré qu'on ne le comprendrait pas dans la mesure jusqu'au moment où le coup fut frappé. Depuis, on n'a plus eu de ses nouvelles.

Ainsi, le pauvre Saint-Prix était abandonné par les membres de sa famille qui étaient en situation d'intercéder pour lui.

Boissy d'Anglas se mit en campagne et fit pour son malheureux compatriote (Saint-Prix avait été député à la Convention par l'Ardèche) ce que nous l'avons déjà vu faire et ce que nous allons le voir faire encore pour les autres Conventionnels que la même mesure injuste atteignait.

Mais la Terreur blanche battait alors son plein, et il dut attendre qu'elle fût passée.

Pendant ce temps, semble-t-il, Saint-Prix, après une fausse sortie, vint se cacher à Saint-Péray et y attendre des jours un peu meilleurs qui arrivèrent en 1818.

Dans cet intervalle, Boissy d'Anglas reçut de lui quatre lettres, sans compter celles de sa sœur: c'est du moins les seules que je possède. Je les donne ici.

J'ai le regret de ne pouvoir reproduire celles de mon grand père qui n'a pas pas dû en garder copie. La même réflexion s'applique aux autres Conventionnels, mais, d'après le sens des réponses et les documents de toutes sortes que je place sous les yeux du lecteur, il peut juger de la peine que prit Boissy d'Anglas pour ses anciens collègues infortunés, avant et après leur proscription.

Saint-Péray, le 21 février 1818.

Monsieur le Comte,

L'ami Peirot m'a fait part dans ma retraite de tout ce que vous avez écrit d'obligeant pour moi. Il me tardait d'être rendu entièrement à la liberté pour vous dire combien je suis sensible et reconnaissant d'autant de marques de bonté, mais, contraint par acte du gouvernement de m'expatrier, j'ai cru devoir jusqu'à ce jour garder le silence et ne reparaître dans la société qu'avec le titre que je dois à votre bienveillance et que l'administration locale ignore offitiellement. Je suis toujours dans sa dépendance et, quelle que soit la

joie générale qu'ait excitée l'agréable nouvelle de ma rentrée prochaine, il ne faut qu'un ennemi ou même un de ces hommes qui se
plaisent à tourmenter leurs semblables pour me donner du désagré-
ment, tant que je ne justifierai pas de mes droits. Dans cet état, je
vous en supplie, Monsieur le Comte, mettez le comble à nos vœux en
obtenant du Ministre une copie de l'ordonnance de Sa Majesté ou une
lettre que vous auriez la bonté d'adresser à ma sœur à Saint-Péray ;
peut-être penserez-vous qu'il convient que le Ministre instruise le
Préfet.

Pardon des nouveaux embarras que je vous donne, du temps précieux que j'enlève à vos utiles et pénibles travaux, et agréez, je vous
prie, l'expression des sentiments de la plus vive reconnaissance et du
respectueux attachement avec lequel j'ai l'honneur d'être, Monsieur le
Comte, votre très humble et obéissant serviteur.

SAINT-PRIX.

Saint-Péray, 9 mars 1818.

Cher et ancien Collègue,

J'ai reçu votre si intéressante lettre du 28. On ne peut être plus
touché que je le suis de toutes les marques d'amitié que vous m'y
donnez : il n'appartient qu'à des cœurs généreux d'agir vivement en
faveur des opprimés et de plaider leur cause jusqu'à ce qu'on leur ait
rendu justice. C'est ce que vous avez fait pour moi ; aussi, rassuré par
tout ce que vous me dites d'obligeant, j'ai de suite franchi le seuil de la
porte du lieu de ma retraite où j'ai été sans sortir pendant plus de deux
ans, où je m'étais enterré vivant, un peu à raison de santé, mais particulièrement pour conserver à ma femme et à trois enfants en bas âge ma
modique fortune, comptant d'ailleurs que tôt ou tard on me rendrait
justice. J'ai été en proie à tant de vicissitudes que sans vous j'igno-
rerais encore mon sort, sans vous je ne saurais non plus que le Ministre en prévint M. Ladreyt. Permettez-moi que je vous raconte succin-
tement tout ce que j'ai éprouvé de fâcheux. En vain j'ai réclamé la
première année. La chambre ardente semblait en imposer au Gouvernement. Il a fallu l'ordre du 5 septembre pour donner quelque espoir
aux malheureux. Après les troubles survenus au sujet des subsistan-
ces, l'ami Peirot nous conseilla de faire une pétition. Elle était prête
lorsque mon beau-frère, qui vient de mourir à la suite d'une maladie
aussi longue que douloureuse, arriva dans cette contrée ; il voulut se
charger de l'adresser au Ministre. Il fut d'avis d'y joindre un certificat signé par les premiers fonctionnaires publics, administratifs et
judiciaires. Ma femme parvint à remplir cet objet sans éprouver de
refus. M. Ladreyt donna sa signature avec empressement et offrit ses
services auprès du Gouvernement. Ce certificat disparut dans le

trajet de Tournon à la préfecture. On en fit un second qui a dû être
envoyé avec la pétition au Ministre, en septembre dernier, par le
sous-préfet de Largentière. Trois mois s'écoulèrent sans avoir de
nouvelles ; on prit le parti alors d'écrire à M. Ladreyt. La lettre con-
tenait tous les faits relatifs à mon affaire, elle pouvait servir de pétition.

M. Ladreyt, sans perdre de temps, en fit part à M. Decazes et nous
marqua que ce ministre avait accueilli favorablement la demande,
qu'il avait gardé la lettre pour lui servir de note indicative, qu'il
ferait son rapport au premier conseil, enfin qu'il avait la conviction
que j'aurais incessamment la liberté de rentrer. La lettre est du
6 décembre dernier. Ma sœur écrivit de suite à M. Ladreyt pour le
remercier. Ma femme en fit autant quelque temps après. Point de
réponse à ces lettres. Nous étions dans une impatience et une inquié-
tude difficiles à décrire. Nous ne savions à quoi attribuer le silence
de M. Ladreyt. Certes, j'étais loin de soupçonner sa négli-
gence ou son indifférence, et je suis persuadé qu'il s'est empressé de
nous adresser l'avis du Ministre, mais je crois que sa lettre a été
enlevée au bureau de Saint-Péray. L'employé de ce bureau est un
militaire retraité qui me veut du bien (je le pense) mais il s'est allié
à un homme astucieux et méchant. Cet individu, napoléonien tant
que Napoléon a régné, est devenu ultra-royaliste à la rentrée du roi.
Jusque-là nous étions assez bien et je lui avais rendu service dans le
cours de la Révolution toutes les fois que l'occasion s'en était présentée. Depuis, et sans motif, il s'est ouvertement déclaré contre moi
et a cherché à me nuire. Au lieu de respecter le malheur, il a
applaudi à la mesure dans laquelle j'ai été injustement enveloppé ;
enfin, cette conduite m'a fait soupçonner qu'il s'est entendu avec son
beau-frère, l'agent de la poste pour enlever les lettres de M. Ladreyt,
car ce dernier avait mis tant d'empressement à m'obliger qu'il dut
éprouver une bien grande satisfaction de recevoir l'avis du Ministre
et une plus grande encore d'en faire part à ma sœur. Je lui écris par
ce même courrier pour lui accuser que je jouis enfin de ma liberté
dont j'aurais joui il y a deux mois, si on n'eût pas enlevé ses lettres.
Pour parer à cet inconvénient, je le prie de m'adresser sa réponse par
enveloppe à Mlle de Ressouche, rue de la Préfecture, à Valence,
Drôme, et sous enveloppe à mon adresse à Saint-Péray où je la rece-
vrai exactement ; je vous prie d'en faire autant. Je pense qu'on a res-
pecté la vôtre à raison de ce que vous avez mis dans l'adresse de
quelle part elle vient.

Je sais qu'il y a de l'indiscrétion et que c'est abuser de vos moments
précieux que de vous entretenir si longtemps de moi, mais je trouve
mon excuse dans vos bontés et votre amitié. Sous leur auspice, je me
permets encore de vous dire, pour terminer, que, par ordonnance du
roi de décembre 1815, je fus admis à la retraite. Je me procurai les
pièces nécessaires pour établir mes services et les envoyai à mon

beau-frère, alors député, qui n'en fit aucun usage, à raison, je pense, des circonstances. Ne suis-je pas encore dans mon droit et ne dois-je pas demander, en exécution de cette ordonnance, la liquidation de ma pension ? Vous m'obligeriez infiniment de me dire à ce sujet votre façon de penser, s'il convient de faire dans ce moment des démarches et à qui les adresser.

Plus qu'un mot. Dites-moi si vous avez reçu, dans le courant du mois dernier, une pétition que ma sœur vous adressa. Cette pétition est sans objet à présent, mais comme elle a été mise au bureau de Saint-Péray, elle pourrait y être restée, c'est ce que je veux savoir.

Pardon de ma prolixité, et agréez, je vous prie, la nouvelle assurance des sentiments de considération, de reconnaissance et d'attachement avec lesquels je ne cesserai d'être,

Mon cher et ancien collègue,
Votre dévoué serviteur,

Saint-Prix.

P. S. — J'ai appris que Gamon était à Paris. Je pense qu'il voit souvent son bienfaiteur, vous à qui il a tant d'obligation. Faites-lui, je vous prie, mes compliments, et qu'il me donne de ses nouvelles.

Saint-Péray, 3o mars, 1818.

Cher et ancien Collègue,

J'attendais une réponse de M. Ladreyt à la lettre que je lui ai adressée en même temps qu'à vous pour en faire une à celle que vous avez eu la bonté de m'écrire. Je l'ai reçue hier, il en résulte qu'il a été extrêmement malade pendant plus de six semaines, qu'il a été obligé malgré lui de garder le silence sur les lettres que ma sœur et ma femme lui ont écrites dans le temps, et qu'il n'a pu leur faire part de l'avis du Ministre relatif à ma rentrée. J'ai donc injustement soupçonné un individu de m'avoir soustrait mes lettres, puisque M. Ladreyt n'en n'a écrit que deux qui sont parvenues exactement ainsi que les vôtres ; mais je trouve mon excuse dans la promptitude qu'on a à s'inquiéter lorsqu'on est malheureux et surtout à se méfier d'un méchant qui, gratuitement, a cherché à me nuire, verbalement et par écrit. Enfin sans vous, sans votre généreuse sollicitude, je n'aurais pas mon autorisation. Cependant je suis assuré que M. Dindy l'a reçue depuis plus de quinze jours, et il est encore à m'en faire part. Je ne vous fait cette observation que pour vous apprendre combien ce magistrat est négligent, même à l'égard d'une personne alliée à une famille dont il se dit l'ami. Au surplus je n'en ai pas besoin, celle que vous m'avez adressée me suffit.

Veuillez, je vous prie, être l'interprète de mes sentiments de recon‑
naissance pour un aussi grand bienfait auprès de M. le comte de
Cazes, lorsque vous aurez occasion de le voir, et agréez la nouvelle
assurance de ma gratitude éternelle et de mon sincère attachement
avec lesquels,

J'ai l'honneur d'être, cher et ancien Collègue, votre très humble
serviteur,

Saint-Prix.

P. S. — Vous pouvez m'adresser directement vos lettres, je suis
persuadé que je n'ai pas à en craindre la soustraction, l'employé du
bureau est honnête.

A Monsieur,

*Monsieur le Comte Boissy d'Anglas, Pair de France et grand officier
de la Légion d'honneur, rue Caumartin, n° 11, Paris.*

Je donne à lire une dernière lettre que reçut Boissy
d'Anglas. Elle est datée de 1820 :

Saint-Péray, le 26 septembre 1820.

Cher et ancien Collègue,

Je viens de recevoir une lettre de M. Gleizal. Il me fait part de
celle que vous avez eu la bonté d'écrire à son Excellence, le ministre
de la justice. On ne peut rien dire de plus obligeant, de plus
empressé, de plus vrai en même temps. Je suis persuadé que je joui‑
rai enfin de ma pension qui, malgré sa modicité, m'aidera à faire
donner quelque éducation à mes enfants.

Il n'appartient qu'aux belles âmes comme la vôtre, d'être touchées
du sort des malheureux et d'apporter autant que possible quelque
adoucissement à leurs peines. Je ne puis vous exprimer combien
j'en suis pénétré de reconnaissance.

Agréez, je vous prie, mes bien sincères remerciements et la nou‑
velle assurance du respectueux attachement avec lequel j'ai l'honneur
d'être, cher ancien collègue, votre humble et obéissant serviteur,

Saint-Prix.

Boissy d'Anglas parvint-il à lui faire obtenir la liquida‑
tion de sa pension ? Les lettres que je possède ne le disent

pas clairement, mais ce qui est certain c'est qu'il s'y employa avec zèle.

J'ai tenu à donner le texte entier des lettres de Saint-Prix, d'abord parce qu'en principe on ne doit pas mutiler les documents sur lesquels on s'appuie, et ensuite pour établir que Boissy d'Anglas ne cessa pas de s'occuper de ses anciens collègues, quand il les eut fait rappeler dans leur patrie.

La question relative à la liquidation de la pension de Saint-Prix se pose également pour les autres anciens Conventionnels qui en demandèrent. J'ignore, la trace n'est pas dans les lettres, ce qu'il advint des démarches de Boissy d'Anglas. Les héritiers, s'ils ont gardé quelques documents à cet égard, pourraient seuls le dire.

Cependant, on lit dans une monographie intitulée : *Hector de Soubeyran de Saint-Prix, député de l'Ardèche à la Convention nationale*, par Humbert de Soubeyran de Saint-Prix, juge d'instruction au Tribunal de la Seine, son arrière petit-fils, si je ne me trompe, *que le plus grand mérite de Boissy, dans cette affaire, fut d'être le messager de la bonne nouvelle, car les démarches qu'il fit en faveur de Saint-Prix auprès de Louis XVIII, furent bien froides et bien banales. Il devait mieux à l'ancien compagnon de ses malheurs.*

Suit une véritable diatribe contre le conventionnel Boissy d'Anglas.

Si M. Humbert de Soubeyran de Saint-Prix a voulu prouver que la reconnaissance n'est pas héréditaire dans sa famille, il a pleinement réussi.

Que pouvait faire de plus Boissy d'Anglas pour la défense de son ancien collègue et des Conventionnels régicides?

Quel autre que lui, parmi les hommes en place et en situation de parler, éleva la voix avec cette persistance et cette autorité ?

Quel autre fit de leur cause la sienne et la fit triompher ?

Il y avait quelque mérite, en pleine Terreur Blanche, à se poser en protecteur de gens qui avaient voté la mort du roi et à expliquer à ceux qui ne savaient rien ou qui ne voulaient rien savoir, que leur acte n'avait pas la signification qu'on lui donnait et qu'en votant la mort ils avaient voulu voter contre la mort.

Peut-être M. Humbert de Soubeyran de Saint-Prix a-t-il cédé à ce penchant de notre triste espèce qui nous porte à dire du mal de qui, nous ou les nôtres, avons reçu des services ?

M. de Soubeyran de Saint-Prix ne connaissait pas, j'aime à le croire, le mot si profond d'un juge aztèque. Un homme comparaît devant lui pour en avoir battu un autre, et le collègue, en plumes, du juge à la Seine, lui dit cette parole qui prouve une si merveilleuse connaissance du cœur humain : « Pourquoi lui as-tu fait du mal ? Il ne t'a jamais fait de bien. »

Boissy d'Anglas avait fait du bien à Saint-Prix, l'ancêtre.

M. de Soubeyran de Saint-Prix se serait évité la peine de maltraiter comme il l'a fait Boissy d'Anglas, s'il m'avait demandé communication du dossier qu'il devait bien supposer que je possédais. Je le lui aurais volontiers ouvert, et il aurait, en le lisant, vu qu'il allait commettre une mauvaise action, une action particulièrement odieuse, en cherchant à ternir la mémoire du bienfaiteur de son aïeul et de sa famille.

Voici, maintenant, deux anciens collègues, de l'Ardèche également, MM. Gamon et Gleizal, qui prient Boissy d'Anglas d'intervenir en leur faveur.

Gamon lui écrit de Lausanne, canton de Vaud, le 16 février 1816 :

Monsieur le Comte,

Je vous prie de me pardonner si je vous importune toujours de quelque nouvelle lettre.

Sur l'avis qui me fut donné (*illisible*), par M. Pruyère, je crus devoir immédiatement me rendre en Prusse, mais la Prusse ne donne asile ni à ceux compris dans l'Ordonnance du 24 juillet, ni à ceux désignés par l'art. 7 de la loi d'amnistie.

Ainsi, me voilà, après un brusque départ, sans beaucoup de pré.
cautions, avec de très faibles ressources, errant sur la terre d'exil.
Aux lieux où un asile m'était promis, la politique refuse, influencée
par la crainte du gouvernement français.

Si telle est ma destinée, que je doive être jeté dans la mêlée des
régicides, malgré que, dans le temps, je me sois montré l'adversaire
déclaré de la faction régicide, malgré que, dans le temps, j'aie été
proscrit par elle ; si telle est ma destinée que je sois déclaré complice
de la conspiration de mars dernier, malgré que, dans aucun temps, je
n'aie été complice d'aucune conspiration (*illisible*) ; si telle est ma
destinée de ne pouvoir continuer à respirer l'air de la patrie après
l'avoir si longtemps servie avec désintéressement et dévouement, du
moins, en de telles extrémités, faites, Monsieur le Comte, votre
possible pour obtenir pour moi du Ministre de la Police *une sorte
d'autorisation* qui fixe mon séjour dans le canton de Vaud ou tout
autre canton helvétique, et me dispense de la (*illisible*) de la Silésie,
de la Moravie, etc. Ma femme est originaire du canton de Vaud.
J'y ai des amis et des parents, même dans le gouvernement, qui,
pourvu que le gouvernement français m'assigne la Suisse pour lieu
d'exil, se relâcheront à mon égard de la rigueur d'une mesure générale.

J'admets toujours (*illisible*) régicides (*illisible*) injustice plus grande
encore, car les événements de mars dernier, je ne les ai ni favorisés,
ni préparés. Je n'ai même accepté aucun emploi de place (*illisible*) ;
j'ai siégé, il est vrai, dans la Chambre des représentants, mais la nomination à cette Chambre n'était pas une nomination faite directement
par l'Empire, et ensuite, à cette Chambre, je n'ai parlé qu'une seule fois
pour combattre le système de l'usurpateur et de l'usurpation. Je ne
sache pas avoir donné aucune adhésion formelle à l'acte additionnel
qui, du reste, avait été révoqué à temps par la manière (*illisible*) dans
la Chambre des réprésentants à la séance du 28 juin. Tous les royalistes de paix applaudirent à ma motion d'ordre. Mes paroles et mes
discours n'étaient donc pas ceux d'un complice de l'usurpateur.
Toutes ces considérations et ces faits incontestables sous les yeux, le
Ministre de la police pouvait-il me refuser une *autorisation indéfinie*
pour rester dans ma solitude au sein des montagnes du Vivarais ou du
moins une *autorisation indéfinie* de rester dans le canton de Vaud, en
attendant que ma justification ait pu recevoir le degré d'évidence dont
elle est susceptible ? Vous connaissez mes principes, mes sentiments
mes longs services rendus à l'Etat, mes infortunes, et je me fie pour
obtenir quelque adoucissement à mes malheurs, à votre estime, à
votre bienveillance,

GAMON.

Lausanne, le 7 juillet 1817.

A Monsieur le Comte Boissy d'Anglas,
Pair de France.

Monsieur le Comte,

Je ne saurais attribuer qu'au préfet actuel de l'Ardèche, M. Dindy, et à la haute députation de 1815, la rigueur dont M. Decazes (qui n'est pas un ultra) a usé à mon égard.

Mes votes dans la Convention et ma conduite dans la Chambre des représentants auraient dû si fort éloigner de moi toute application de la fameuse loi d'exil, que ce ministre qui veut être juste, en me l'appliquant, n'a pu céder qu'aux provocations de mes furibonds ennemis, c'est-à-dire qu'ils ont trompé sa religion.

Quel homme que ce Dindy! Un jour l'histoire de ses variations, s'il m'est donné de l'esquisser, figurera pas mal à côté de celles de nos proconsuls de 1793. Ce préfet qui, deux jours avant mon exil, me comblait de témoignages d'intérêt, en me signifiant un bannissement prononcé par je ne sais qui, m'écrivait: « Il vous est enjoint de sortir du royaume et de n'y jamais reparaître. D'après les instructions qui me sont données il m'est défendu de recevoir, d'écouter ou de transmettre au gouvernement, toute excuse ou réclamation de votre part », etc.

Il fallait donc recevoir le coup en silence! Pas le moindre cri! C'est la première fois, peut-être, qu'on a vu le sacrificateur interdire à sa victime de gémir !

J'ai fait, il y a environ deux mois, une nouvelle tentative auprès de M. le duc de Richelieu. La réponse verbale de cet équitable ministre, qui m'a été transmise par un conseiller d'Etat, m'a donné l'espoir d'être bientôt rappelé.

Je sens que toute discussion *sur les faits qui me sont imputés* serait désormais puérile, puisque, non coupable de ces faits, je les expie, puisque d'autres, évidemment coupables de ces faits, sont impunis. C'est donc à la protection à briser des fers, des fers insupportables, car la terre étrangère, pour des Français, est pis que la prison. En France, on ne fait pas assez attention à la manière dont les Français, en général, sont traités par les gouvernements étrangers. Il s'agirait donc de réveiller à mon égard les bonnes dispositions de M. le duc de Richelieu.

Précy, de l'Yonne, exilé tout comme moi, vient de quitter récemment ce pays, autorisé à rentrer. Je vous garantis le fait.

Précy avait voté l'appel au peuple, le sursis à l'exécution et la mort avec sursis *jusqu'à l'acceptation* de la Constitution.

Vous savez que j'ai également voté l'appel au peuple, le sursis à l'exécution et la mort avec sursis *jusqu'au cas où les ennemis* (alors chassés du sol) *reparaîtraient sur le territoire de la République.*

On sent que cette condition *en cas d'invasion* était la plus favorable au roi qu'il fût possible d'imaginer, puisque son sort était dès lors remis à la disposition de ses propres défenseurs, des puissances et des étrangers.

D'ailleurs, les préambules apposés aux votes que j'émis, tant sur l'appel au peuple que sur le sursis et sur la peine à infliger, démontraient au dernier degré d'évidence, mon intention constante, invariable, de sauver la vie du Roi.

En rappelant Précy, on a mis en avant qu'il n'avait point accepté de places durant les Cent-Jours de l'usurpation, mais on n'a point allégué qu'il n'eût pas signé l'acte additionnel et l'on m'a assuré qu'à cette époque il exerçait les fonctions de notaire, qu'il n'avait pu continuer, sans reconnaître le gouvernement de fait.

Votre respectueux et dévoué compatriote,

GAMON.

Lausanne, le 20 septembre 1817.

Monsieur le Comte,

L'intérêt que vous m'avez constamment témoigné m'engage à vous adresser, pour que vous veuillez bien en faire usage au moment opportun une pétition à la Chambre des Pairs ou réclamation contre l'acte ministériel qui me bannit de ma patrie.

Vous m'obligeriez si vous pouviez donner communication de cet écrit justificatif à M. le comte Lanjuinais, avant de le remettre à votre commission des pétitions. Vous et M. Lanjuinais avez connaissance du plus grand nombre des faits sur lesquels repose cette justification.

Je crains d'avoir écrit dans ce mémoire des choses inutiles et d'en avoir omis d'essentielles. Sous le premier rapport, des malheurs toujours renaissants me donnent quelque droit à l'indulgence. Sous le second, je vous prie, en temps et lieu, de vouloir bien suppléer aux omissions importantes.

J'ai envoyé, il y a quelque temps, à M. de Richelieu, une lettre dans laquelle j'ai consigné à peu près tout ce que contient la pétition ci-jointe. M. de Richelieu s'est entretenu sur mon compte avec M. Tringuelague et s'est montré bien disposé en ma faveur.

Agréez, Monsieur le Comte, avec votre bienveillance accoutumée, la nouvelle assurance de mon entier dévouement.

GAMON.

Lausanne, le 22 octobre 1817.

Monsieur le Comte,

J'ai reçu votre lettre datée du 15 courant par laquelle vous m'annoncez avoir reçu la pétition que j'ai eu l'honneur de vous adresser pour la Chambre des Pairs.

Les lettres que vous avez eu la bonté de m'écrire depuis que je me suis réfugié dans ce pays me sont exactement parvenues.

Ces jours passés, ayant eu occasion d'écrire à un de mes neveux, Gleizal fils, qui est allé passer quelque temps à Paris, je lui ai adressé une lettre pour vous dans laquelle je vous annonçais que l'ordre d'évacuer le canton de Vaud venait d'être intimé à plusieurs exilés français, qui néanmoins avaient été autorisés par le roi à résider en Suisse, vous observant que cette mesure avait été purement déterminée par la politique, sans que la conduite de ces exilés eût donné lieu à aucune plainte. Quatre ex-Conventionnels que cette mesure a déjà frappés, tous vieillards, résidaient dans mon voisinage, savoir : MM. Bordas, Finot, Faucher, Guillerault.

Il est à craindre que cette mesure, prise, dit-on, sur la prière du ministre anglais, ne nous atteigne tous. Je ne répéterai pas à ce sujet les réflexions contenues dans la lettre qui probablement vous a déjà été remise par mon neveu. Vous en tirerez cette conséquence que la faculté de rentrer dans ma patrie, si elle pouvait m'être accordée par votre intercession, me tirerait de la situation la plus pénible.

Un de mes amis qui doit partir pour Paris sous peu de jours vous portera un second exemplaire de ma pétition signé de moi. Si mon écriture n'était pas assez lisible pour être mise sous les yeux de la commission des pétitions, mon neveu, qui peint à merveille, pourrait, lorsqu'il se présentera chez vous, être chargé de la recopier. Il me rendrait volontiers ce service.

Agréez, Monsieur le Comte, avec votre bienveillance accoutumée, l'expression de ma vive reconnaissance et de mon respectueux dévouement.

GAMON.

Enfin la grâce est arrivée, et Gamon écrit de « la terre natale » la lettre toute débordante de joie qu'on va lire... avec un coup de griffe, en passant, au préfet d'Indy :

Aux Palets près Aubenas, département de l'Ardèche, 18 juillet 1818.

Monsieur le Comte,

Me voilà, après un second exil, de retour sur la terre natale.

Je n'ai traversé dans le département, pour arriver à ma campagne, que trois lieux un peu considérables, le Pouzin, Chomérac et Privas. Partout je n'ai rencontré que des bienveillants. J'ai été induit à croire que les malveillants se cachaient.

A Privas, je me suis présenté chez le Préfet, pour l'inviter à viser mon passeport, ce qu'il a fait sans objection. Le temps qu'il a employé à mettre son visa, je l'ai employé à louer la sagesse et la bonté du roi. Si je vous disais que M. Dindy a donné des marques d'approbation ou d'improbation, je mentirais : son visage exprimait la plus parfaite indifférence.

Retiré à ma campagne, dans une solitude d'un abord difficile, j'apprends néanmoins par quelques voisins qui me visitent le mal qui s'est fait : le recueillir et le publier est au-dessus de mes forces. Je veux, s'il est possible, en m'enveloppant dans une inaction absolue, chercher à me soustraire à de nouvelles adversités, à de nouvelles persécutions !

Vous savez que le pillage et la dévastation m'ont ravi la meilleure partie de ma fortune. Par cette raison, permettez-moi de vous rappeler que 25 ans de services dans des fonctions pénibles et point lucratives m'avaient valu une pension de 1.800 francs. Si M. le garde des sceaux se refuse plus longtemps à me la faire payer, il me sera impossible de ne pas penser qu'il commet une grande injustice (*illisible*). Peut-être, en entendant le nom de l'homme juste et bon, se laissera-t-il fléchir !

Agréez le nouvel hommage de ma reconnaissance et de mon dévouement.

Gamon.

On a remarqué le fait, constaté dans la lettre de Boissy d'Anglas sur Rabaut-Pommier, que le roi de Prusse ne cessait pas de surveiller les exilés. Il leur assigne tantôt un lieu de réclusion, tantôt un autre, et Rabaut-Pommier se voit menacé d'être interné dans la Prusse septentrionale où la rigueur du climat ne doit pas tarder à avoir raison d'un vieillard affaibli et dont le voyage exigeait des dépenses hors de ses moyens.

Gamon, à son tour, écrit qu'il est errant sur la terre de Prusse. C'est la politique, dit-il, qui en est cause, et l'influence du gouvernement français qui inspire cette persécution à celui de la Prusse. Il insiste auprès de Boissy d'Anglas pour qu'il obtienne du gouvernement français de lui fixer un lieu de réclusion en Suisse, dans le canton de Vaud, et qu'on l'y laisse tranquille. Plusieurs exilés, ajoute-t-il dans sa lettre du 22 octobre, sans que rien de répréhensible dans leur conduite ait été relevé, viennent de recevoir l'ordre d'évacuer ce canton.

Cette fois, c'est sur la plainte du ministre anglais que la mesure a été prise.

De quoi se mêlaient le gouvernement prussien, le gouvernement de l'Angleterre et celui de la libre Helvétie ? Ils avaient du temps à perdre, ces gouvernements étrangers, pour s'occuper ainsi de persécuter de malheureux vieillards exilés de leur patrie pour motifs politiques et dont la conduite ne laissait rien à désirer, qui vivaient dans la plus complète retraite et qui semblaient n'avoir qu'un but, se faire oublier.

'C'est de Bruxelles où il s'est réfugié que Gleizal, un autre Ardéchois, écrit à Boissy d'Anglas ;

Bruxelles, le 12 janvier 1818.

Monsieur le Comte,

Vous fûtes toujours l'ami de la justice et le protecteur des opprimés : aussi vous avez défendu généreusement la cause de 46 de vos anciens collègues victimes d'un acte arbitraire. Cette cause triomphera, sans doute, par vos soins obligeants et vous recevrez pour récompense les bénédictions d'un grand nombre de familles.

Les 46 n'ont pas besoin d'invoquer l'article 2 de la Charte qui défend toutes recherches pour les opinions et les votes; ni l'ordonnance de Cambrai par laquelle le roi jeta un voile sur tout ce qui s'était passé depuis le 23 mars 1815, jour de sa sortie de Lille, jusqu'au 25 juin, jour de sa rentrée à Cambrai; ni celle du 24 juillet qui déclare close la liste des bannis et défend qu'il en soit présenté d'autres ; ni les déclarations solennellement faites à la tribune de la Chambre de 1815 par tous les ministres notamment, par MM. de Richelieu, Decazes, Maublanc, Pasquier et Siméon, que le roi, voulant exécuter le testament de Louis XVI et l'art. 11 de la Charte, ne consentirait pas à l'amendement proposé par la Commission de la Chambre ; ni enfin la déclaration de la Commission, et particulièrement celle de MM. Corbières et la Bourdonnais, que la mesure proposée n'atteindrait pas 40 individus et qu'elle ne s'appliquerait qu'à ceux qui avaient favorisé l'évasion de l'île d'Elbe.

Il suffit aux 46 de prouver que l'article de la loi d'amnistie ne leur est pas applicable. Cette preuve résulte authentiquement d'un procès-verbal constatant que leurs votes conditionnels furent comptés avec ceux en opposition à l'arrêt de mort, d'après la déclaration formelle qu'ils firent au procès-verbal que leurs votes étaient indivisibles.

Pourquoi donc a-t-on fait sortir de France des hommes dont les votes furent comptés pour la vie de Louis XVI et pour le sursis à l'exécution de l'arrêt de mort ? Le voici :

On voulait expulser MM. Carnot, Fouché et Cambacérès. Les deux premiers étaient évidemment compris dans la mesure d'exil de l'article 7 et si le troisième fût sorti sans faire de réclamation, je serais en France ainsi que mes compagnons d'infortune. Mais M. Cambacérès ayant élevé la question en envoyant le procès-verbal au Ministre, le Conseil, qui voulait atteindre M. Cambacérès, décida que l'article 7 s'appliquerait à ce dernier et, par conséquent, à tous ceux qui se trouvaient dans sa catégorie. M. Cambacérès, quoique grand propriétaire en Belgique et un des principaux actionnaires de la banque d'Amsterdam, désire, comme les autres, être affranchi du titre de proscrit.

Ces observations générales sont communes aux 46. Celles qui me concernent personnellement se trouvent dans le mémoire ci-joint.

Depuis le 1er janvier 1816, je suis privé de ma pension de 4.000 fr., comme mon fils l'est de son emploi ! Cependant cette pension était fondée sur mes longs services, sur les retenues qui nous avaient été faites et sur les garanties promises par la Chambre et par les ministres de 1814. Pour compléter l'injustice, on m'a forcé de m'expatrier.

Monsieur le Comte, la crainte d'abuser de la bienveillance dont vous m'honorez, m'a empêché, pendant longtemps, de vous donner ces détails, mais l'accueil obligeant que mon fils a reçu de vous m'autorise à vous les soumettre aujourd'hui et me persuade que vous aurez la bonté de faire usage de mon mémoire en temps opportun.

Agréez, je vous prie, Monsieur le Comte, l'hommage de mon profond respect et l'assurance de ma vive gratitude.

GLEIZAL.

P.-S. — On m'a écrit qu'à l'époque où l'on a cessé de payer ma pension, on en a accordé une de 2.000 fr. à mon successeur qui n'avait pas quatre mois d'exercice et une de 1.500 fr., à la veuve du secrétaire général de la questure qui n'était pas resté quatre ans en fonctions.

On m'assure qu'une décision maintient généralement toutes les pensions accordées depuis la Restauration.

Pourquoi suis-je privé de la mienne, lorsqu'il est prouvé par le procès-verbal que je ne suis pas compris dans la disposition de l'article 7, lorsqu'il est constant que je n'ai rempli aucun emploi pendant les cent Jours et que ma pension ne me fut pas accordée à titre gratuit ?

De Malines (Belgique), un proscrit, Thomas, envoie l'expression de sa reconnaissance. Elle est intéressante, en ce sens qu'elle prouve que Boissy d'Anglas plaidait pour d'anciens collègues qu'il n'avait pas connus et que c'était, par conséquent, la cause de la justice qui, seule, le préoccupait et non le désir d'être agréable à tel ou tel, en particulier, qui le faisait agir.

Malines, le 18 mai 1818.

Monsieur le Comte,

Un ami qui a eu l'honneur de vous voir et de me recommander auprès de vous, m'a fait connaître mon rappel en France et tout l'intérêt que vous avez bien voulu y mettre. C'est un bienfait, Monsieur le Comte, dont mon cœur me presse de vous témoigner ma reconnaissance. Veuillez en agréer l'expression.

J'ai le pressentiment que la vue d'un obligé ne peut être désagréable à un bienfaiteur assez généreux pour rendre une nouvelle existence à celui qu'il ne connaît même pas. Je prendrai donc la liberté d'aller me rappeler à votre souvenir et de vous réitérer, en personne, l'hommage de ma gratitude et de mon profond respect.

Thomas,
ex-député de l'Orne à la Convention.

Bonnesœur écrit, de Malines, toute la joie qu'il éprouve, et sa reconnaissance d'un si grand service.

Malines, le 25 mai 1818.

Monsieur le Comte,

J'ai le cœur si gros, si plein, si satisfait de l'heureuse nouvelle que vous avez eu l'attention de me faire annoncer par M. Cambacérès et par M. Gleizal, qu'il peut à peine être contenu dans l'espace qu'il occupe... Je suis rappelé dans ma patrie ; je suis rendu à ma femme, à mes enfants, à ma famille, je vais enfin sécher leurs larmes. Et c'est à vous que je dois une aussi grande satisfaction. C'est vous qui avez eu la générosité de vous intéresser pour moi auprès de notre auguste monarque dont on est toujours sûr d'obtenir justice ; en un mot, c'est vous qui me donnez une nouvelle vie ! Permettez-moi de vous en exprimer ma vive et sincère reconnaissance. Elle sera éternelle comme celle de toute ma famille, et j'aurai l'honneur de vous en réitérer l'expression de vive voix, en passant par la capitale pour retourner dans le sein de ma famille, pour y vivre paisiblement, en chantant vos louanges et en mêlant mes actions de grâce à celles qu'elle vous doit pour un bienfait aussi signalé.

Daignez, Monsieur le Comte, être bien convaincu de la sincérité des sentiments que j'ai l'honneur de vous exprimer, et agréez le témoignage de mon respectueux dévouement.

Bonnesœur.

De Mons (royaume des Pays-Bas), Plet-Beauprey écrit à Boissy d'Anglas, le 18 juin, qu'en contractant envers lui de nouvelles obligations, « il n'a pas de nouveaux gages de reconnaissance à lui offrir, autres que les vœux de sa famille et les siens, mais qu'ils sont bien sincères ».

Puis, viennent Chedaneau et Delbrel qui, malades, remercient Boissy d'Anglas par l'intermédiaire d'un ami ou de leur femme.

Je ne reproduis pas toutes ces lettres si pleines de reconnaissance—cela m'obligerait à imprimer un volume—mais je les garde, dans mes archives, à la disposition des héritiers, s'il y en a de vivants et que la question intéresse, de tous ces braves gens, victimes de la passion et de l'injustice politiques.

Je termine par le duc de Cambacérès, archi-chancelier de l'Empire.

On fait plus de difficultés pour lui que pour les autres. Il avait joué sous le règne de l' « Usurpateur », un rôle considérable. Sa fortune était grande, et on craignait qu'il ne s'en servît pour faire de l'agitation. Mais Cambacérès était un « vieillard cacochyme », comme il le dit dans une de ses lettres, et il ne songeait qu'à se soigner. Il dut calmer les appréhensions qu'il faisait naître, et démontrer qu'il était inoffensif. Sa correspondance est très volumineuse. Il écrivit à Boissy d'Anglas plus de cinquante lettres, dont je reproduis quelques-unes, et cependant n'obtint sa grâce qu'à la fin de 1818 ou le commencement de 1819.

Bruxelles, le 22 janvier 1818.

Je m'empresse, Monsieur le Comte, de vous exprimer toute ma reconnaissance. L'hommage vous en aurait été présenté plus tôt, si je n'avais jugé qu'il pouvait entrer dans vos vues de venir au secours des malheureux et de ceux même qui, par circonspection, ne s'étaient pas permis d'implorer votre assistance.

La lettre que vous m'avez fait l'honneur de m'écrire le 19 m'encourage à vous témoigner directement combien je suis touché des bons offices que vous n'avez point hésité à me rendre.

Tout en respectant les considérations qui déterminent à différer pour moi les actes de justice que l'on fait pour d'autres, je conçois difficilement qu'on puisse craindre des clameurs qui ne manqueront pas de s'élever sur des dispositions qui préjugent celles que l'on me fait espérer.

Vous avez la bonté, Monsieur le Comte, de m'inviter à établir mes demandes, soit par des dépêches directes, soit par votre intermédiaire. Ainsi, lorsque l'occasion s'en présentera, je vous prie d'exposer que l'extension donnée à mon égard à l'article 7 de la loi sur l'amnistie, m'a retiré de la catégorie où mon vote m'avait placé, pour me placer au nombre de ceux qui ont condamné Louis XVI ; que la réparation de cette erreur est tout ce que je désire et que rien ne peut m'en dédommager. L'élévation de votre âme vous ferait sentir, Monsieur le Comte, comme je le sens moi-même, qu'il ne peut y avoir de composition, et que ceux qui ne seront pas retirés du coup de la loi demeureront dans un état d'inconsidération et d'incertitude qui ne saurait convenir ni à mon âge, ni à mon caractère, ni à mes principes.

A ma sortie du royaume, j'avais offert de m'en exiler volontairement : aujourd'hui je consens de n'y rentrer qu'en vertu d'une autorisation spéciale, lors même que l'autorité souveraine daignerait reconnaître qu'il est de toute équité de revenir sur une disposition qui ne m'était pas applicable. Veuillez cependant observer que les retards que l'on met à mon rappel et les faveurs accordées à plusieurs de mes compagnons d'infortune me laissent ici avec un caractère de réprobation qui semble se fortifier à mesure qu'il s'efface chez d'autres.

Au reste, Monsieur le Comte, je suivrai vos conseils, j'attendrai avec résignation ce qui sera déterminé à mon sujet. Je ne parlerai point des espérances que vous me faites entrevoir, et je ne ferai aucune démarche publique. Il m'eût été facile de publier mon apologie, j'ai pensé qu'il était plus sage d'ajourner ce projet. Si vous pensiez qu'il en fût autrement, faites-le-moi savoir : quelques semaines suffiraient pour mettre la dernière main à mon ouvrage ; mais votre expérience vous fera juger que, malgré mon extrême circonspection, il serait difficile de parler de moi et de ne rien dire sur beaucoup d'autres.

M. Alquier est prévenu : je l'attends aujourd'hui de Vilevorde où il fait sa résidence.

En terminant, Monsieur le Comte, je me plais à vous réitérer l'expression de ma gratitude, de mon inviolable attachement et de ma haute considération.

CAMBACÉRÈS.

Dans une lettre du 1er avril 1818 on lit :

Il paraît qu'on reconnaît que je ne suis point compris dans la loi, mais on demande pourquoi je suis sorti, comme si mon départ avait été un acte de ma volonté personnelle, et si le traitement fait à MM. Dubois et Rabaut ne préjuge pas celui que j'aurais éprouvé.

On fait espérer une décision moins reculée, mais mon retour effraye : il ne faut pas avoir l'air d'y songer. Je ne conçois rien à cette singulière terreur et moins encore à la nécessité de peser les termes, lorsque j'ai écrit et répété que je demandais d'être réintégré dans mes droits, que ma présence à l'étranger était encore nécessaire pendant longtemps et que je ne rentrerais en France que lorsqu'il plairait au roi de l'ordonner. Il est donc impossible de comprendre d'où peuvent naître les obstacles, sinon d'une sorte d'indifférence ou d'une volonté molle de me faire justice. Vous avez raison, Monsieur le Comte, de penser qu'un acte de cette nature ne peut demeurer imparfait et qu'il vaudrait encore mieux prolonger l'état d'ajournement que de faire une sorte de capitulation. A ce sujet, y aurait-il de l'indiscrétion, Monsieur le Comte, à vous demander dans quels termes sont conçues les décisions que plusieurs de vos anciens collègues doivent à vos bons offices ? On en parle ici diversement.

M. Dubois-Dubais. qui comptait sur un retour prochain, est très affligé ; les lettres de sa femme ne sont plus encourageantes. Parmi les Français qui sont à Bruxelles, je ne connais que M. Bouchereau, du département de l'Aisne, qui soit dans la catégorie des 46.

M. Gleizal est venu me voir et attend ses passeports. Depuis deux mois, je n'ai pas entendu parler de M. Alquier, on le dit malade.

Je finirai, comme je le dois, par des actions de grâce et par l'invocation de la continuité de vos soins. Votre influence, la liberté que vous avez d'approcher des ministres et de leur parler comme il convient à un homme de votre rang, peuvent m'être d'une grande utilité. C'est en parlant souvent des mêmes choses qu'on finit par les faire adopter. Je crains seulement de devenir importun ; mais notre ancienne amitié m'autorise à vous exprimer mes vœux et à solliciter votre assistance.

Agréez, Monsieur le Comte, les nouvelles assurances de mon inviolable attachement et de ma haute considération.

CAMBACÉRÈS.

P.-S. — J'oubliais de vous dire que Mme Lavollée a eu, avant son départ, une audience de M. le duc de Richelieu. Elle a été reçue avec politesse, mais n'a obtenu aucune parole décisive. Son Excellence a paru seulement reconnaître que je n'étais pas dans la loi; mais après lui avoir dit: « Est-ce que votre oncle compte revenir à Paris ? « le premier ministre a ajouté que mon ancienne existence ne permettait pas de m'assimiler à ceux qui avaient déjà obtenu leur rappel. Ceci est pour vous seul.

Enfin, un billet daté du 9 août 1819, qui indique que tout est fini :

Paris, le 9 août 1819.

Monsieur le Comte,

J'ai reçu votre aimable lettre et les félicitations qu'elle contient, à l'occasion de mon retour dans mon ancienne demeure. Vous me faites espérer de venir m'y voir. Ce sera, pour moi, un jour de fête. En attendant, je vous prie d'agréer, avec votre bienveillance accoutumée, l'expression de mes sentiments d'attachement et de haute considération.

CAMBACÉRÈS.

Les quelques pièces qui suivent compléteront l'exposé qui précède, et on aura ainsi toute l'affaire sous les yeux :

Paris, le 2 avril 1818.

Monsieur le Comte,

Je m'empresse de vous informer que Sa Majesté, prenant en considération les modifications atténuantes des votes à la Convention des sieurs Moulin et Taveau (de Rhône-et-Loire et du Calvados), a daigné, par décision prise en conseil du mercredi 1er de ce mois, leur accorder l'autorisation de rentrer dans leurs foyers : ils devront, l'un et l'autre, se pourvoir de passeports pour France, près le Ministre plénipotentiaire de Sa Majesté dans les Pays Bas, qui recevra les instructions convenables.

Je me ferai représenter, selon l'occasion, les notes qui concernent ceux des ex-Conventionnels de la même catégorie que vous avez bien voulu me désigner. Je dois vous faire observer que M. Picqué n'a point quitté la France. Quant à M. Dubois-Dubais, des circonstances particulières ont fait ajourner indéfiniment la décision en sa faveur.

Agréez, Monsieur le Comte, les assurances de ma haute considération.

Le Comte DECAZES.

Paris, le 15 mai 1818.

Monsieur le Comte,

J'ai eu l'honneur de vous informer successivement des décisions prises en faveur de ceux des ex-Conventionnels dont les votes modifiés avaient compté contre la mort et auxquels vous aviez témoigné un intérêt, fondé sur l'appréciation de leur conduite politique, comme de leur position personnelle. Le Roi, en daignant, dans son dernier conseil du mercredi, 13 de ce mois, étendre aux sieurs Vernon, Gouzy et Serveau, la mesure dont quatorze de leurs collègues avaient précédemment été l'objet, a réduit à neuf le nombre de ceux qui attendent encore le bienfait qu'il m'est agréable de vous annoncer comme prochain.

Pour préciser les renseignements à cet égard, je remets sous vos yeux, dans la note ci-jointe, les noms des Conventionnels compris dans cette catégorie, en y indiquant leur position actuelle et précise. Je m'empresserai de vous faire immédiatement connaître les décisions qui interviendront, aux prochains conseils, en faveur des neuf derniers.

M. Cambacérès annonce l'intention de voyager encore pendant quelque temps, hors de France : j'ai été autorisé, toutefois, à lui faire connaître que S. M. avait daigné statuer que la loi du 12 janvier 1816 cessait désormais de lui être applicable.

Tous les moyens d'assurer aux exilés qui en étaient l'objet le bénéfice prompt et entier de la faveur qui leur était accordée, ont d'ailleurs été pris immédiatement. MM. les Ministres du Roi près les cours dans les Etats desquelles chacun d'eux réside, ont été autorisés à délivrer les passeports nécessaires. MM. les Préfets de leurs départements respectifs sont invités à les laisser jouir, comme par le passé, de tous les droits dont ils avaient été privés momentanément par l'application temporaire des dispositions de l'article 7 du 12 janvier. De son côté, S. Exc. M. le Garde des Sceaux a donné des instructions conformes à MM. les Procureurs du Roi.

Agréez, Monsieur le Comte, l'assurance de ma haute considération.

Le Ministre de la police générale,
Le Comte DECAZES.

29 mai 1818.

Monsieur le Comte,

Depuis la communication que j'ai eu l'honneur de vous faire, le 15 mai dernier, du tableau qui indiquait la situation des ex-Conventionnels appartenant à la catégorie des 46, le roi a daigné fixer le sort de ceux à l'égard desquels aucune décision n'était encore prise. Des renseignements plus exacts ayant fait connaître que les sieurs *Mennesson*, *Ribet* et *Montgilbert* étaient décédés et que la loi n'avait pas dû être appliquée au sieur Bissy, resté dans ses foyers comme n'ayant pris aucune part aux actes de l'usurpation des Cent-Jours, il n'y avait lieu de prendre décision qu'en faveur des sieurs *Bouchereau*, *Bonnesœur*, *Giraud* et *Plat-Beauprey*, auxquels Sa Majesté a bien voulu accorder, dans les conseils des 20 et 27 de ce mois, la permission de rentrer dans leurs foyers. Les mesures convenables sont prises pour leur assurer le bénéfice le plus prompt de cette grâce. M. Dubois-Dubais est aujourd'hui le seul des 46 à l'égard duquel toute décision est ajournée, *jusqu'au 1er conseil*.

Agréez, Monsieur le Comte, etc.

Le Ministre, secrétaire d'Etat au département de la police générale.

Le Comte DECAZES.

M. le Comte Boissy d'Anglas, pair de France.

Les mots : *jusqu'au 1er conseil*, sont de la main du comte Decazes.

Paris, le 8 août 1818.

Monsieur le Comte,

Je m'empresse, d'après le désir que vous m'en exprimez par votre lettre du 2 de ce mois, de vous adresser copie de ma dernière lettre à M. le duc Cambacérès. J'ai eu l'honneur de donner avis de cette décision à M. le Maréchal Grand Chancelier de la Légion d'honneur et, plus récemment, à son Exc. le Ministre des Finances qui vient de m'annoncer qu'elle recevrait son exécution pleine et entière, en ce qui concernait son département.

Je saisis cette occasion de vous faire connaître que, quelques retards pouvant être apportés à toute nouvelle décision concernant les Conventionnels en faveur de qui vous avez réclamé mon intervention près de Sa Majesté, vous ne devez pas moins croire que toutes vos observations sont soigneusement notées et que je me les ferai représenter en temps utile. Mais il m'a été plus agréable, jusqu'à présent, de ne répondre à vos recommandations que par leur succès et, j'attends le moment favorable pour vous renouveler les témoignages de mon empressement dans toute occasion semblable.

Agréez, Monsieur le Comte, etc.

Le Ministre de la police générale
Le Comte DECAZES.

M. le Comte Boissy d'Anglas, Pair de France, à Bougival
par Saint-Germain-en-Laye.

Et, pour finir, deux copies de rapports au roi, qui ont dû être communiquées à Boissy d'Anglas par les ordres du comte Decazes.

Ils sont du mois de décembre 1818.

Rapport au Roi.

Sire,

Depuis la promulgation de la loi du 12 janvier 1816, des réclamations partielles sont parvenues à Votre Majesté sur quelques-unes des applications individuelles de l'article 7 de ladite loi. Votre Majesté a daigné en accueillir plusieurs, à des titres divers, en voulant bien déclarer que l'abrogation, en faveur de quelques Conventionnels, des dispositions pénales prononcées par cet article, entraînait à la fois celle des effets civils qui en étaient résultés.

Ces décisions ayant été prises par Votre Majesté à des époques éloignées, la plupart verbalement, j'ai l'honneur de lui en soumettre ici le tableau collectif, en la priant de vouloir bien la revêtir de son approbation royale, pour faire foi et assurer aux individus dont il mentionne les noms (chacun dans le département ministériel dont dépendent ses intérêts) le bénéfice de la grâce spéciale dont ils sont l'objet.

Plusieurs autres l'avaient été précédemment de décisions moins complètes, mais dont la clémence qui les a dictées peut désirer de consommer le bienfait. Quinze Conventionnels ont obtenu de Votre Majesté un sursis indéfini aux dispositions pénales de l'article 7 de la loi du 12 janvier ; mais cette grâce, en autorisant leur séjour en France, ne leur conserve pas la jouissance des droits civils dont l'exercice est nécessaire à la conservation des intérêts de leur famille.

La plupart sont d'un âge avancé et ne peuvent exercer la faculté de tester. En soumettant leurs noms à Votre Majesté, qui daignera se rappeler à quels titres Elle a bien voulu leur conserver un asile dans leur patrie, Elle daignera sans doute leur assurer la jouissance des droits conservateurs des intérêts de leur famille ; j'ai donc l'honneur de lui proposer de déclarer que le sursis indéfini, qui les exempte des dispositions pénales de l'article 7 de la loi du 12 janvier 1816, s'étend aux effets civils de ces dispositions et leur garantit la continuation de leurs droits privés.

Le second tableau, contenant les noms des Conventionnels compris dans cette catégorie particulière, est soumis, dans ce sens, à l'approbation de Votre Majesté, à la suite de ce rapport.

Je suis avec respect, Sire, de Votre Majesté, le très humble et très obéissant serviteur.

Le Ministre Secrétaire d'Etat au département de la Police Générale.

Le Comte Decazes.

Suit la copie d'un autre rapport dans le même sens et approuvé, signé : Louis.

Enfin la copie de ce dernier rapport.

Rapport au Roi.

Sire,

Votre Majesté a daigné me charger en conseil, à diverses époques, de faire connaître à M. le Ministre des Affaires Etrangères qu'Elle l'autorisait à faire délivrer par ses Ministres respectifs près les différentes cours, des passeports pour rentrer en France, à plusieurs des exilés compris dans l'ordonnance du 24 juillet. Ces décisions n'ayant été que verbales, j'ai l'honneur de soumettre à son approbation le tableau collectif des noms de ces individus au nombre de.....
afin de fixer leurs droits par une décision écrite.

Je suis avec respect, Sire, de Votre Majesté, le très humble et très obéissant serviteur.

Le Ministre Secrétaire d'Etat au département de la Police Générale.

Le Comté Decazes.

Ce 13 décembre 1818.

Le lecteur maintenant peut juger sur pièces publiques et privées.

Il peut voir quelle énergie et quelle persévérance Boissy d'Anglas dut déployer pour arriver au succès.

En se donnant tout entier à la défense des malheureux vieillards qui avaient été ses collègues, il suivait le penchant de sa nature qui le portait à s'intéresser à toutes les causes où l'humanité était en jeu.

La catégorie des 46, dont la mort réduisait peu à peu le nombre, ne fut pas la seule qui lui dut le retour dans la patrie. D'autres Conventionnels, en grand nombre, dont les lettres de remerciements sont éparses dans mes archives, furent redevables à ses démarches et à sa protection, du même service.

Boissy d'Anglas a traversé les jours les plus tragiques de la Révolution en se faisant l'apôtre de la pitié, de la justice et de la bonté. Il l'avait appelée de tous ses vœux, parce qu'il y voyait l'affranchissement de l'esprit humain, mais il l'aurait désirée plus douce.

C'était un fils de la philosophie du XVIIIe siècle.

Comme la presque totalité des membres de la Constituante, il était monarchiste ; mais, quand la République fut établie, il ne s'y opposa pas et la servit loyalement, quoiqu'en ait dit l'esprit de parti. C'est très injustement qu'il fut banni au coup d'Etat de Fructidor. Il s'est toujours élevé contre les incriminations de ses adversaires, et il renouvela sa protestation au temps où les événements firent de lui, à nouveau, un des puissants du monde. Quelques jours avant sa mort, arrivée en 1826, il disait : « Je n'ai jamais trahi la République, on me croira maintenant que les années ont passé et que je n'ai plus aucun intérêt à déguiser la vérité. »

Quand après la séparation de la grande Assemblée, il fut élu Procureur général syndic de l'Ardèche et qu'il eut, en cette qualité, avec le concours de ses collègues du Directoire du département, à disperser le camp des conjurés de

Jalès et à réprimer l'insurrection de Saillans, il le fit avec une énergie et une modération remarquables.

On ne sait pas assez ce que fut cette conspiration dont les grands historiens de la Révolution ont à peine parlé et qui faillit, sous la direction d'un clergé fanatique et des nobles, nous faire connaître, dès 1792, les horreurs de la guerre civile et les fureurs d'une Vendée méridionale.

M. Ernest Daudet lui a consacré trois ou quatre chapitres dans ses *Conspirations Royalistes du Midi.*

En racontant le massacre, aux Vars, de neuf prêtres réfractaires et probablement complices des insurgés de Jalès, il dit : « Une relation manuscrite, que nous avons eue sous les yeux, raconte que Boissy d'Anglas, alors procureur général syndic de l'Ardèche, qui se trouvait aux Vans, supplié d'arrêter ce carnage, se contenta de répondre : « Le peuple est juste jusque dans ses vengeances ».

J'ai voulu savoir où M. Ernest Daudet avait pris cette anecdote et dans quel document il avait puisé les données de son récit. Je l'ai interrogé à ce sujet. Il m'a fort aimablement répondu qu'il y avait longtemps qu'il avait écrit les *Conspirations Royalistes* et qu'il ne se souvenait pas ! Il a bien voulu ajouter qu'il avait fait son récit sans en prendre la responsabilité, disant même qu'il était invraisemblable que le Président futur de la Convention, qui devait montrer son grand caractère dans la séance du 1er Prairial, se soit souillé d'un pareil acte de lâcheté. C'est une simple légende.

Quelques méchants historiens, de ceux qui composent avec des ciseaux, la reproduisent sans contrôle, en se copiant les uns les autres. C'est l'éternelle histoire de la calomnie. Nul n'en peut dire l'origine, mais elle fait son chemin, tout de même et finit souvent par s'imposer.

L'histoire du camp de Jalès et de la Conspiration de Saillans, malgré ce que M. Ernest Daudet en a dit d'intéressant, reste donc à écrire.

Il faut dire, non pour la justification, mais pour l'explication de ces affreuses scènes, que le peuple et l'armée étaient exaspérés par le rôle que jouaient alors les prêtres et les nobles. Sous prétexte de défendre la religion et la monarchie que personne n'attaquait, à cette époque, ils tendaient la main aux armées de l'étranger, et, tandis qu'Espagnols et Piémontais tiraient en face sur nos soldats, eux — c'était leur manière d'entendre le patriotisme — leur tiraient dans le dos, de façon à les placer entre deux feux.

Quoi qu'il en soit, la conspiration de Saillans vaincue, Boissy d'Anglas se rendait à la Convention dont il avait été élu membre, quand, après le massacre des Vans auquel il avait assisté, non pas impassible mais impuissant, en traversant Privas, il eut l'occasion de sauver le comte de Blou, lieutenant de Saillans et un prêtre, arrêtés dans la montagne et que la foule voulait massacrer.

Mon père racontait qu'il avait connu, au Conseil général de l'Ardèche, le fils du comte de Blou qui aimait à lui rappeler l'incident. Moi-même, quelques années plus tard, je me suis rencontré, dans la même assemblée, avec son petit-fils et je dois dire que, siégeant dans des camps opposés, nos rapports ont été excellents, ce qui prouve que, dans la famille du comte de Blou, le souvenir du service rendu n'était pas effacé.

Ce fut ensuite à Annonay que l'humanité et le courage de Boissy d'Anglas se manifestèrent dans des conditions qu'il importe de rappeler.

Cinq prêtres réfractaires avaient été arrêtés au moment où ils gagnaient la frontière pour porter à l'étranger la haine de la Révolution et leurs excitations fanatiques. C'étaient également, sans doute, des fuyards du camp de Jalès. Le peuple et la troupe s'emparèrent d'eux et allaient, tout simplement, au milieu des injures, les pendre à la lanterne, comme on commençait à le faire alors, ou les mettre à mort à coups de sabres et de haches. Boissy d'Anglas, revêtu de ses insignes de procureur général syndic du département, se trouvait présent. Usant de son autorité et de la popularité dont il jouissait, il les fit enfermer dans la prison de la ville. Aidé de quelques citoyens courageux, il monta lui-même, pendant dix heures consécutives, la garde devant la porte de cette prison qui existe encore. Comme il n'était pas certain de pouvoir les protéger le lendemain avec le même succès, la nuit venue, il les fit évader.

Il eût mieux fait, a-t-on dit, pour concilier son devoir et l'humanité, de les garder en prison pour les déférer ensuite à la justice régulière. Sans doute, mais il se rappelait ce qui lui était arrivé aux Vans, où neuf prêtres avaient été massacrés sous ses yeux et où, malgré ses efforts, il n'avait pu les sauver, tant les colères des patriotes étaient spontanées et irrésistibles. Qu'on se reporte à ces temps de fièvre et on comprendra sa prudence !

A cinq cents mètres de là, on lui éleva, plus tard, une statue. Pas un prêtre n'assista à l'inauguration. Il était protestant.

Le voilà à la Convention. Le lendemain de son arrivée, il est envoyé en mission, avec Legendre et Vitet, à Lyon où des troubles s'étaient produits par suite de la disette. Au lieu de se servir des pleins pouvoirs qu'il avait reçus, il fait appel à la raison des Lyonnais. Réunis, au nombre de 8.000, dans une des plus vastes églises de la ville, l'église Saint-Nizier, les Lyonnais entendent de sa bouche et de celle de ses collègues des paroles de bon sens et l'ordre est rétabli.

Si les commissaires que la Convention envoya ensuite à Lyon avaient été aussi débonnaires, avisés et clairvoyants, il est probable que les atrocités qui ont ensanglanté cette malheureuse cité n'auraient pas été commises.

Boissy d'Anglas s'empressa de rentrer à Paris pour prendre part au jugement de Louis XVI. Il aurait pu, comme d'autres l'ont fait, se dérober à la resposabilité et prétexter sa mission à Lyon pour ne pas paraître à la Convention. Il vint courageusement voter contre la mort.

Les Bourbons lui en surent gré et, à leur retour, le nommèrent Pair de France, lui fournissant ainsi la possibilité d'élever la voix pour défendre ses anciens collègues qui, moins fermes que lui, au lieu de voter nettement contre la mort eurent recours au subterfuge du vote de la mort sous condition, afin de sauver le roi.

Une question se pose. Comment Boissy d'Anglas, qui avait fait tout ce qu'il fallait pour affirmer ses convictions et ses amitiés, qui confinait aux Girondins, échappa t-il à l'échafaud pendant la Terreur ? Comment au 31 mai et lors de la proscription des Girondins put-il éviter la mort, après surtout la lettre qu'il écrivit à ses commettants et qui lui faisait crier par l'ex-capucin Chabot : « Tais-toi, coquin, nous savons ce que tu as écrit dans ton département. Tu devrais être déjà guillotiné ». Cela se fit, surtout, par intervention de Vouland, membre du Comité de sûreté générale, qui, chaque fois qu'un commissaire de la Convention rapportait de l'Ardèche un exemplaire de la fameuse lettre, la faisait disparaître.

Que disait donc Boissy d'Anglas dans cette lettre qui était adressée au citoyen Dumonts, vice-président du département de l'Ardèche, pour être communiquée par la voie de la presse à ses commettants ?

Il disait qu'après les attentats du 31 mai et du 2 juin la Convention n'existait plus, qu'elle délibérait sous le poignard des assassins qui y étaient les maîtres, et il l'invitait à réunir le peuple dans ses Assemblées primaires, de façon à lui permettre de décider si, oui ou non, il approuvait ce qui venait de se passer.

Boissy d'Anglas ne se faisait aucune illusion sur les conséquences que pouvait avoir pour lui un pareil écrit. Il disait : « Quant à moi, mon cher collègue, à qui, peut-être, dans la position où je suis, il serait permis d'éprouver quelques inquiétudes, je déclare que je n'en conçois aucune pour ce qui me touche seul. J'ai fait depuis longtemps le sacrifice de ma vie et je ne compte pour rien les dangers qui peuvent m'environner encore ».

Ce qui n'empêche que, sans l'amitié de Vouland, il portait

bel et bien sa tête sur l'échafaud, et Chabot eût été satisfait. Ce capucin, excessif comme tous les néophytes, poussait loin l'ardeur révolutionnaire.

Je donnerai ailleurs le texte intégral de cette lettre.

Barnave, accomplissant le douloureux calvaire qui devait le conduire à l'échafaud, écrivait à Boissy d'Anglas, le 4 novembre 1793, une lettre que je conserve précieusement, où il lui mandait : « Homme vertueux, qui, n'ayant été qu'une simple connaissance et ne m'ayant pas recherché quand j'étais dans l'éclat et dans la prospérité, êtes devenu mon ami quand j'ai été malheureux, je conserverai jusqu'au dernier moment le souvenir des sentiments que vous m'avez témoignés ».

Boissy d'Anglas, en tâchant d'arracher, au risque de se compromettre, Barnave à la mort, obéissait au même mouvement qui le faisait agir quand il s'efforçait de rappeler dans leur patrie les Conventionnels régicides exilés.

Pendant la Terreur, il se tut. La parole était aux violents, mais il ne resta pas inactif. Il ne quittait pas, pour ainsi dire, le Comité de Salut Public. Il obsédait les membres qui le composaient, s'efforçant de sauver quelque nouvelle victime, et l'un d'eux, lui dit brutalement un jour : « Te voilà encore! Combien te donne-t-on pour faire ce métier ? » — « Je dévorai l'outrage, dit Boissy d'Anglas en rapportant l'incident, mais j'obtins la grâce que j'étais venu implorer, et je me considérai comme suffisamment vengé ».

Boissy d'Anglas, d'ailleurs, était soutenu par sa courageuse femme dans l'accomplissement des actes dont j'ai rapidement relaté quelques-uns. Un trait, pour l'établir, suffira, que l'histoire n'a pas enregistré, mais que mon père m'a cent fois raconté.

Au moment le plus tragique de la séance du 1er prairial, Féraud venait d'être égorgé et on promenait, au bout d'une pique, sa tête que le président avait saluée ; les poignards et les instruments de mort l'entouraient et le menaçaient ; un jeune homme qui se trouvait dans la salle, l'ayant reconnu, s'approcha pour lui faire ses offres de service. Boissy d'Anglas jette un coup d'œil sur la scène d'horreur qu'il a devant lui et, prévoyant un sort semblable : « Va dire à ma femme qu'elle ne me reverra probablement pas ». Le jeune homme court chez la citoyenne Boissy — c'était ainsi qu'on l'appelait — et lui rapporte fidèlement ces paroles. « C'est bien, répond cette femme digne de l'antiquité, retourne auprès du président, s'il est encore en vie, et dis-lui qu'il fasse son devoir, j'élèverai les enfants ».

Il avait quatre enfants. Mon père, le plus jeune, avait onze ans.

On aimerait mieux, peut-être, une femme moins virile que la citoyenne Boissy. Mais, comme on comprend les grandes choses qui se sont faites et les actes de courage d'alors, quand on voit les femmes elles-mêmes montées à ce diapason !

Il y aurait, à citer, bien d'autres traits de courage et de dévouement. Ceux que je cite ici suffiront à démontrer que tout ce que faisait Boissy d'Anglas, il le faisait avec le cœur.

Sa vie politique dura 40 ans. La défense des Conventionnels régicides n'en est qu'un épisode, l'un des derniers.

Boissy d'Anglas — et c'est tout ce que je veuille en dire ici — resta, jusqu'au bout, fidèle aux idées qu'il avait servies dans sa jeunesse.

C'est par là que s'affirme l'unité de sa vie.

Constituant, Conventionnel, membre des Cinq-Cents, Pair de France, ce fut toujours sous le drapeau de la liberté qu'on le vit combattre.

C'était bien la liberté qu'il servait et qu'il défendait, lorsque, à la Constituante, il contribua par ses votes à l'établissement de la Constitution de 1791 qui instituait, en réalité, la République sous les formes de la monarchie.

C'était bien la liberté qu'il servait et qu'il défendait, lorsqu'il faisait voter par la Convention, comme rapporteur, cette Constitution de l'An III dont un auteur a dit qu'elle était la plus libérale que la France ait jamais eue.

Et lorsqu'il présentait et faisait voter sa fameuse motion du 3 ventôse an III sur ce que nous appelons aujourd'hui la séparation des Eglises et de l'Etat, proclamant que la République ne salarie aucun culte, n'était-ce pas encore la liberté et les doctrines de la Révolution qu'il servait et qu'il défendait ?

Ce régime religieux fut celui de la France de 1795 à 1801, époque à laquelle le Concordat, œuvre de Bonaparte, le remplaça.

Nous nous efforçons aujourd'hui, républicains dégénérés, de rétablir le régime qui assura à la France plus d'un lustre de paix religieuse, et nous ne parvenons qu'à faire un pastiche lamentable, une pâle copie de l'œuvre de nos grands ancêtres.

Il n'en est pas moins vrai que Boissy d'Anglas sut, le premier, introduire dans notre pays, une de nos libertés, la plus importante peut être.

Et, lorsqu'il défendait, sous la Restauration, quelques années avant sa mort, la liberté de la Presse, que faisait-il, sinon servir les doctrines de la Révolution ?

Pour en revenir au sujet qui m'a mis la plume à la main, les Conventionnels qui avaient voté la mort du roi sous condition et qui furent proscrits au retour des Bourbons, rentrèrent tous en France, grâce aux démarches de Boissy d'Anglas.

Le lecteur a pu juger, par les pièces que je donne dans cet écrit, du rôle de Boissy d'Anglas en cette circonstance et de la patience et de l'efficacité de ses efforts.

C'est une publication de documents.

J'espère avoir réussi à mettre en son vrai jour la figure trop oubliée d'un des hommes les plus mémorables de la Révolution.

BOISSY D'ANGLAS.

Imprimerie Elie Cellier, à Annonay.

www.ingramcontent.com/pod-product-compliance
Lightning Source LLC
Chambersburg PA
CBHW061303060726
47596CB00002B/726